D1668828

⟵ **Übersichtskarte Ausdauersport**

Die Deutsche Bank in Augsburg eröffnet voraussichtlich im Juni 2007 ihr modernes Investment & FinanzCenter.

Max Drexler, Direktor des Investment & FinanzCenters Augsburg, anlässlich der bevorstehenden Eröffnung: „Wir freuen uns, in unseren modernisierten Räumen in der Fuggerstraße eine neue Dimension des Bankgeschäfts anbieten zu können. Konkret heißt das, Bankprodukte werden einfacher und unkomplizierter präsentiert, und gleichzeitig nehmen wir uns noch mehr Zeit für anspruchsvolle Beratung. Hier in Augs-

Deutsche Bank Augsburg eröffnet modernes Investment & FinanzCenter in der Fuggerstraße

burg kommen erfolgreiche Module aus „Q110" zum Einsatz, der „Deutschen Bank der Zukunft", die wir im September 2005 in Berlin eröffnet haben. Q110 hat den Zukunftsaward 2006 des Zukunftsinstituts für die beste Dienstleistungsinnovation gewonnen. Der große Zuspruch von Kunden, Interessenten und der Öffentlichkeit hat uns in unserem Konzept bestätigt und uns veranlasst, Bestandteile daraus auch hier in Augsburg anzubieten. Durch

diese Innovationsoffensive können wir noch besser auf die Bedürfnisse und Wünsche unserer Kunden eingehen."

Beim Betreten der Bank werden ein offener Begegnungsbereich und ein attraktives Filialdesign die Kunden überraschen. Für die diskrete und individuelle Beratung werden spezielle, auf die Lebensphase und Lebenswelt des Kunden zugeschnittene Räume eingerichtet.

Ausgewählte Bankprodukte werden in der neuen Filiale in Produktboxen präsentiert. Interessierte Kunden erhalten weitere Details zu diesen Angeboten über Kurzfilme an dafür eingerichteten Informationsständen. Im Erdgeschoss befindet sich eine integrierte Lounge mit aktuellen Tageszeitungen, Bücherregalen und gastronomischem Service.

Zudem bietet ein Trendshop mit einem regelmäßig wechselnden Sortiment attraktive Produkte, die zum Teil exklusiv in diesem Shop offeriert werden.
Die Modernisierung der Deutschen Bank Augsburg am Standort Fuggerstraße ist Ausdruck ihrer Investitionsbereitschaft und Innovationskraft.

Max Drexler: „Wir laden jeden Kunden und Interessenten ein, sich hier und in unseren Investment & FinanzCentern in Augsburg von unserer kompetenten Beratung überzeugen zu lassen. Unsere individuelle und maßgeschneiderte Finanz- und Vermögensplanung verbunden mit innovativen Ideen für das Bankgeschäft der Zukunft – das ist unser Erfolgsrezept."

Impressum

Sportfreizeitführer Augsburg
Wegweiser Breitensport in Augsburg
ISBN 978-3-00-020954-3

Herausgeber:
Sebastian R. Scholz

Besonderen Dank an:
Wilfried Matzke

Design:
Thomas Fink, www.finkdesign.de

Layout, Satz und Repro:
Florian Schneller, www.slash-f.de

Inhalte und Recherchen:
Astrid Schöning, Gabriele Pelz,
Dr. Gunther Boenisch, Ingo Hoffmann,
Michael Schaumberg, Sebastian R.
Scholz, Sophie Kreher, Wilfried Matzke

Druck:
OAN Leipzig

Foto Buchtitel:
Jennifer Trenchard

1. Auflage 2007
© Runway Verlag Scholz, Augsburg
www.runway-verlag.de

Die Deutsche Nationalbibliothek ver-
zeichnet diese Publikation in der Deutschen Nationalbibliografie; detaillierte
bibliografische Daten sind im Internet
über http://dnb.d-nb.de abrufbar.

Danksagung

Allen Sponsoren und Inserenten gilt ein
großer Dank für ihr Engagement:

Alpina International
AOK Augsburg
BKK Stadt Augsburg
Deuter Sport
Deutsche Bank PGK Augsburg
Hessingpark-Clinic
LaufKultTour
movile Veranstaltungen
Runner's Shop

Ein großer Dank auch an alle, die direkt
oder indirekt mitgeholfen haben:
Achim Grützner, Axel Jäckle, Aziz Akcan,
Carsten Rönneburg, Chris Müller,
Christiane Kühn, Eva Albertsmeier,
Gerd Bartel, Dr. Gerhard Ecker, Götz
Beck, Heike Felbermair, Helmut
Maierhofer, Ines und Zoran Brkic,
Julie Spahn, Katharina Keri, Margot
Schuster, Markus Krapf, Markus
Späth, Marta Maraboli, Martin Kluger,
Martina Müller, Melanie Weigl, Ortwin
Bohmhammel, Dr. Paul Wengert,
Petra Kraft, Philipp Einwang, Robert
Zenner, Sabine und Kai, Schengül und
Elias, Susanne Ebersberger, Tobias
Hopf, Dr. Traude Löscher und alle
Ansprechpartner im Buch!

**„Gewidmet ist dieses Buch allen
ehrenamtlichen Helfern im Sport."**
Sebastian R. Scholz, im April 2007

Liebe Leserinnen und Leser,

mit dem „Sportfreizeitführer Augsburg" legt Sebastian R. Scholz erstmals in der jüngeren Vergangenheit ein kompaktes Taschenbuch über die ganzjährigen Sport- und Freizeitmöglichkeiten für Augsburg und Umgebung vor. Wir bezeichnen es zwar auch gerne als Handbuch für alle Sportlerinnen und Sportler (und solche, die es werden wollen). Das Handbuch wurde aber auch bewusst für alle Bürgerinnen und Bürger geschrieben, denn „Sport macht Spaß in Augsburg". So lautet auch die Devise unserer Sport- und Bäderverwaltung: Babys können mit ihren Eltern in den zehn Hallen- und Freibädern der Stadt ebenso schwimmen wie Jugendliche oder Senioren, Walker, Jogger, Läufer und Skater genießen die abwechslungsreichen und naturnahen Strecken und Touren im Stadtgebiet, Senioren erhalten ihre Gesundheit durch Wandern, Laufen, Turnen und Gymnastik und olympische Goldmedaillengewinner paddeln auf den Kanuslalomstrecken. Die Bandbreite unseres Sportangebots ist groß. Vom Baby bis zum Senior – für jeden ist etwas dabei.

Den Machern des „Handbuches", allen voran Sebastian R. Scholz, möchten wir unseren Dank aussprechen und den Lesern wünschen wir unterhaltsame und sportliche Erfahrungen bei der Anwendung des Buches. Für die Sportstadt Augsburg hoffen wir für die nächste Ausgabe auf einige wesentliche Aktualisierungen: den Neubau der FCA-Arena, eine neue Eisarena für die Augsburger Panther und viele weitere Attraktivitätssteigerungen – insbesondere auch aufgrund des städtischen Bädersanierungsprogramms.

Mit sportlichen Grüßen

Dr. Paul Wengert
Oberbürgermeister
Stadt Augsburg

Dr. Gerhard Ecker
Sportreferent
Stadt Augsburg

Einführung

Strecken und Karten

Sport Outdoor

Sport Indoor

Wasser, Eis und Schnee

Extraklasse

Adressen und Verzeichnisse

So benutzen Sie dieses Buch

Sebastian R. Scholz

Liebe Leserin, lieber Leser,
ich freue mich, Ihnen den ersten Sport-
freizeitführer Augsburgs präsentieren
zu können! Starten Sie durch mit die-
sem ersten Runway Guidebook zu den
Höhenflügen Ihres ganz individuellen
Sport- und Freizeitspaßes. Und landen
Sie in der wohltuenden Entspannung
und Zufriedenheit Ihres persönlichen
Regenerationsprogramms! Ich wünsche
Ihnen viel Freude mit diesem Buch,
Ihr Sebastian R. Scholz.

Aufbau des Sportfreizeitführers
Unter „Strecken und Karten" präsen-
tieren wir Ihnen einen Auszug schöner
Touren. Die Rubriken „Sport Outdoor",
„Sport Indoor" sowie „Wasser, Eis und
Schnee" helfen Ihnen bei der Suche
nach dem passenden Verein bzw.
Anbieter. Im Bereich „Extraklasse"
bieten wir individuellen Service. Unter
„Anbieter A–Z" finden Sie alle Details zu
Vereinen und Anbietern.

Zur schnellen Suche
... nutzen Sie am besten das Stichwort-
verzeichnis ab Seite 152. Alle angebo-
tenen Sportarten finden Sie auf einen
Blick unter „Anbieter A–Z" ab Seite 130
in blau hervorgehoben. Nicht jeder
Sport konnte eindeutig einer Rubrik zu-
geordnet werden. Falls Sie etwas nicht
sofort finden, werden Sie wahrschein-

lich in einer anderen Kategorie fündig.
Leider konnten wir nicht alle Sportarten
vollzählig vorstellen, da würde dieses
Buch platzen! Sicher haben Sie dafür
Verständnis.

Übersichtskarten im Umschlag innen
Vorne gewinnen Sie eine schnelle Über-
sicht über Ausdauersport und Strecken/
Touren, hinten über Bademöglichkeiten,
Golf und Minigolf.

Minikarten auf Umschlag vorne
Einfach den Streifen abschneiden und
mitnehmen – so finden Sie stets auch
beim Joggen den richtigen Weg!

Details zu den Vereinen
Adressen, Ansprechpartner etc. finden
Sie unter „Anbieter A–Z" ab Seite 130.

KAROCARD, easy living-Karte

Kunden der Stadtwerke oder Lechwerke
können unter www.karocard.de bzw.
www.easy-living-online.de eine Kun-
denkarte beantragen: Damit erhalten
Sie Rabatte, auf die wir (soweit möglich) hinweisen. Die Auflistung aller Ak-
zeptanzstellen finden Sie auf den oben
genannten Webseiten.

Augsburger Allgemeine
Die AZ veröffentlicht unter
www.augsburger-allgemeine.de ➔ Veranstaltungen ➔ Veranstaltungsdatenbank sowie in der gedruckten Ausgabe
unter der Rubrik „Wohin heute?" aktuelle Sport-Termine.

Nahverkehr/ÖPNV

Siehe Netzplan Seite 150. Auskunft zur Anfahrt mit dem Nahverkehr geben die AVG (Stadtwerke) unter Tel. 0821/324-5888 (Mo–Fr 7–18, Sa 9–13 Uhr) und der AVV unter Tel. 0821/15 70 00 (Mo–Do 7–18, Fr 7–19, Sa 7–15, So u. Feiertage 10–18 Uhr). „AVG" steht für die alte Bezeichnung „VGA". Unter www.avv-augsburg.de erhält man die aktuelle Fahrplanauskunft rund um die Uhr.

Tipp Unter www.avv-augsburg.de ➜ Fahrplan kann man statt „Haltestelle" auch „wichtige Punkte" auswählen und direkt die Sportstätte, z. B. „Rosenaustadion", eingeben.

Tschamp

ist das Ferienangebot der Stadt: www. tschamp.de. Auch darauf verweisen wir jeweils. Bitte beachten Sie, dass die Freizeittipps immer vor den größeren Ferien aktualisiert werden.

Sportabzeichen

Wer Interesse am Ablegen des Bayerischen oder Deutschen Sportabzeichens hat, kann sich gerne an den Bayerischen Landes-Sportverband (BLSV), Bezirk Schwaben, wenden. Tel. 0821/42 66 11, www.blsv-schwaben.de

Ihre Mithilfe ist erwünscht

Anbieter, Preise, Öffnungszeiten etc. ändern sich. Vielleicht hat sich auch ein Fehler eingeschlichen. Zögern Sie bitte nicht, uns eine E-Mail zu schreiben. Wir werden für die nächste Auflage Ihr Feedback verwerten und uns mit dem Abdruck Ihres Namens bedanken! Kontakt: Runway Verlag Scholz, Schertlinstr. 48b, 86159 Augsburg, feedback@runway-verlag.de

Regio Augsburg

Die Tourist-Information der Regio Augsburg, Maximilianstr. 57, ist die ideale Anlaufstelle für Fragen zu Augsburg (geöffnet Mo–Fr 9–18, Sa 10–17 und im Sommer So 10–14 Uhr). Tel. 0821/5 02 07-0, www.augsburg-tourismus.de

Sport- und Bäderamt

Das Sport- und Bäderamt der Stadt Augsburg hilft bei allen Fragen rund um die städtischen Sporteinrichtungen und die Vereine weiter. Tel. 0821/324-9700; www.augsburg.de ➜ Sport und Freizeit

Stadtjugendring

Der Stadtjugendring bietet ein großes Freizeitangebot für Jugendliche in allen Stadtteilen (Jugendhäuser, Projekte, Veranstaltungen). Er ist auch Herausgeber des „Ferieninfo". Mehr Infos unter www.sjr-a.de

Sportverletzungen ernst nehmen – der Experte rät:
P.E.C.H. – die beste erste Hilfe bei Pech im Sport

Etwa 23 Millionen Bundesbürger treiben regelmäßig Sport. Für die meisten bedeutet dies eine Steigerung des allgemeinen Wohlbefindens und den Erhalt der körperlichen Leistungsfähigkeit. Leider nicht immer, denn pro Jahr verletzen sich gut zwei Millionen Menschen beim Sport. Diese hohe Zahl der Verletzungen liegt gar nicht allein am Trend zu „gefährlicheren" Sportarten. Häufig sind die notwendigen Bewegungsabläufe schlecht trainiert oder besondere Vorsichtsmaßnahmen werden einfach nicht beachtet. Und immer wieder werden auch Fehler bei der Erstbehandlung von Sportverletzungen gemacht. Die unangenehme Folge können chronische Schmerzen sein. Wer das Pech hat und sich eine Sportverletzung zuzieht, der sollte darauf umgehend mit P.E.C.H. reagieren. Das rät der Sportorthopäde Dr. med. Ulrich Boenisch von der Hessingpark-Clinic im Augsburger Stadtteil Göggingen.

Mit P.E.C.H. meint der Mediziner eine schnelle und effektive Soforthilfe bei Sportverletzungen: Pause, Eis, Compression, Hochlagerung. „Mit diesen Sofortmaßnahmen kann jeder Hobbysportler viel dazu beitragen, dass weitere Schäden verhindert werden und der Heilungsverlauf günstig beeinflusst wird", so Dr. Ulrich Boenisch im Gespräch mit dem Sportfreizeitführer Augsburg.

„P": Pause bedeutet aufhören
Dabei bedeutet das „P" für Pause nicht nur ein kurzes Pausieren und Durchatmen, sondern: Sofort mit dem Sport aufhören und das betroffene Körperteil ruhig stellen, bis der Schaden ärztlich abgeklärt ist. „Nicht wenige Hobbysportler meinen, sie müssten wie die Profis noch unter allen Umständen und trotz Schmerzen weitermachen", so Dr. Boenisch. Häufig wird dadurch erst aus einer harmlosen Blessur eine ernsthafte und langwierige Verletzung.

„E": Eis tiefenwirksam einsetzen
Wesentlich für den späteren Heilungsprozess ist eine sofortige und tiefenwirksame Kühlung der verletzten Region. Kühlsprays, Eispackungen und Eiswürfel – notfalls auch ein kalter Umschlag – sorgen für eine Verengung der Blutgefäße. Damit werden Einblutungen in das Gewebe verringert und Schmerzen durch eine Verlangsamung des Stoffwechsels gemindert. Bei Knöchel- oder Knieverletzungen hält Dr. Boenisch eine mindestens halbstündige Kühlung für notwendig. Allerdings sollte eine Kältepackung nie direkt auf die Haut und schon gar nicht auf offene Wunden aufgebracht werden.

Foto: BSN medical Hamburg

„C": Compression nicht zu fest

Die Compression, also das Anlegen eines Druckverbandes, ist besonders bei Zerrungen und Prellungen angezeigt. „Dabei ist aber darauf zu achten", so der Ärztliche Leiter der privatärztlichen Hessingpark-Clinic GmbH, „dass der Druckverband nur eine mäßige Spannung hat und die Blutzufuhr nicht gänzlich abschneidet." Elastische Binden sind dazu besonders geeignet, weil mit ihnen gleichzeitig eine Kühlpackung fixiert werden kann.

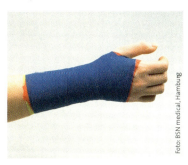

Foto: BSN medical, Hamburg

„H": Hochlagern nicht nur der Beine

Zur Schmerzlinderung trägt auch die Hochlagerung des verletzten Bereiches bei. Dabei sind aber nicht nur die Beine gemeint, sondern auch die Arme und der Brustkorb. „Dadurch wird ebenfalls die Blutzufuhr gemindert und Flüssigkeit, die aus dem verletzten Gewebe ausgetreten ist, kann leichter abfließen", erklärt der Orthopäde den Sinn dieser Maßnahme.

... und dann ab zum Arzt

Nach den geschilderten Sofortmaßnahmen sollte eine sportmedizinische Untersuchung erfolgen. „Viel zu oft werden aber gerade Sportverletzungen bagatellisiert", weiß Dr. Boenisch aus seiner täglichen Praxis an der Hessing park-Clinic zu berichten.

Paradies für Jogger und Walker
Markierte Rundkurse im Siebentischwald

Strecke: 8,0 Kilometer (5,0 / 3,0 Kilometer)
Profil: flach mit 7 Höhenmeter (5 / 3 Höhenmeter)
Boden: 14 % Asphalt und 86 % Waldwege (18 % Asphalt und 82 % Waldwege /
24 % Asphalt und 76 % Waldwege)
Markierung: Rot für 8,0 Kilometer (Blau für 5,0 Kilometer / Grün für 3,0 Kilometer)
Start und Ziel: Start an der Parkplatz-Einfahrt, Ziele entlang der Ilsungstr.
Parken: Parkplatz der Sportanlage Süd
Umkleide: spezielle Umkleide- und Duschräume im Sportplatzgebäude
Sonstiges: Von der Haltestelle „Siemens" der Straßenbahnlinie 2 sind es nur 300 m
bis zum Start. Direkt am Parkplatz der Sportanlage Süd lädt die Waldgaststätte
Viktoria mit ihrer Terrasse ganzjährig zur Einkehr ein. Der „Läufer-Stadtplan Sieben-
tischwald" präsentiert die markierten und andere Strecken im Siebentischwald.
Das Kartenwerk ist im Internet unter www.tgva.de als Download erhältlich.

Jogging, Walking oder Nordic Walking? Hierbei denken die Augsburger Hobby-athleten meist an den Siebentischwald. Dieses Naherholungsgebiet reicht mit seinen angrenzenden Parkanlagen bis an den Rand der Innenstadt. Ebene, schattige und kurzweilige Wege, oft begleitet von Bächen und Kanälen, lassen die Sportlerherzen höher schlagen.

Als bevorzugter Startpunkt gilt der Parkplatz der Sportanlage Süd an der Ilsungstr.. Hier beginnen die markierten Laufstrecken des Sport- und Bäderamtes über drei, fünf und acht Kilometer. Der gemeinsame Start für die beliebten Rundkurse befindet sich an der Parkplatzeinfahrt. Im Sportplatz-gebäude stehen spezielle Umkleide- und Duschräume für die Hobbysportler offen.

Wer mit dem Fahrrad oder der Stra-ßenbahnlinie 2, Haltestelle „Siemens", kommt, kann die Schließfächer nutzen. Die drei Strecken sind mit unterschiedlichen Farben gekennzeichnet.

Die Runde von fünf Kilometern dürfte die beliebteste sein. Die acht Kilometer sprechen hauptsächlich die Trainierten an. Der Jogginganfänger kann sich ebenso auf diese lange Strecke wagen.

Auch wenn das Tempo sehr langsam ist und Gehpausen eingelegt werden, profitieren der Körper und die Psyche. „Die meisten Hobbysportler trainieren zu schnell", warnt Dr. Hans-Henning Borchers. Der bekannte Sportmediziner läuft selber regelmäßig im Sieben-tischwald.

Wer unter Anleitung mit dem Joggen oder Walken beginnen will, der ist beim Lauftreff an der Sportanlage Süd genau richtig. Hier startet man jeden Samstag und Sonntag jeweils um 8 Uhr und mittwochs um 18.30 Uhr bzw. um 18 Uhr zur Winterzeit. In diversen Leistungsgruppen geht es durch den Siebentischwald. „Anfänger sind besonders willkommen", verspricht Lauftreff-Leiter Anton Funk. (wm)

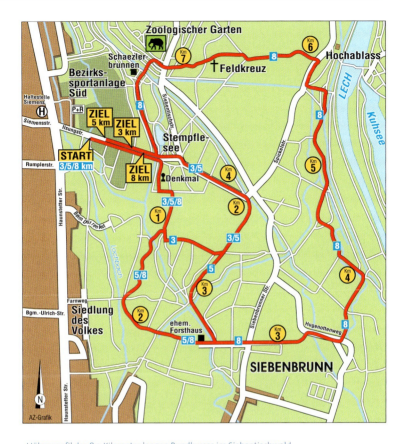

Höhenprofil des 8,0 Kilometer langen Rundkurses im Siebentischwald

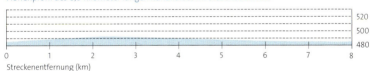

520
500
480

0   1   2   3   4   5   6   7   8
Streckenentfernung (km)

Der Siebentischwald:
ideal zur Erholung in jeder
Jahreszeit

Lechufer gilt als ideal für Hobbysportler
Beliebt als Trainingsgebiet und Wettkampfarena

Strecke: 6,2 Kilometer (3,7 Kilometer)
Profil: flach mit 22 Höhenmeter (18 Höhenmeter)
Boden: 26 % Asphalt und 74 % Parkwege (12 % Asphalt und 88 % Parkwege)
Markierung: keine
Start und Ziel: Ostseite des Osramsteges
Parken: Behringer Str.
Umkleide: keine
Sonstiges: Von der Haltestelle „Curtiusstr." der Straßenbahnlinie 1 sind es nur 400 Meter bis zum Start und Ziel.

Jogger, Walker und Nordic Walker aus den östlichen Stadtteilen Augsburgs können häufig direkt an ihrer Haustür mit dem Training beginnen. Der Lech mit seinen Grünanlagen bietet beste Möglichkeiten. Am Ostufer des Flusses kann man vom Süden des Augsburger Stadtgebietes bei der Lechstaustufe 23 bis zur nördlichen Stadtgrenze bei Stettenhofen laufen, ohne eine einzige Straße überqueren zu müssen.

Zu den beliebtesten Laufstrecken entlang dem Lech zählt zweifellos eine Runde von 6,2 Kilometern, die man zwischen Osramsteg und Hochablass an beliebiger Stelle beginnen kann. Wir wollen an der Ostseite des Osramstegs starten, auf dem die Localbahn den Lech überquert. Am Stadtteil Hochzoll-Nord vorbei geht unser Kurs entlang dem östlichen Lechufer leicht ansteigend flussaufwärts. Man unterquert die Friedberger Str. und bald danach die Münchner Eisenbahnstrecke. Am Hochablass haben wir die Hälfte geschafft und wechseln die Flussseite.

Nun geht es zwischen Lech und Eiskanal stromabwärts, das heißt spürbar bergab. Entlang der Olympia-Kanustrecke von 1972 laufen wir auf olympischem Boden. Nach der Friedberger Brücke kommt man in eine besonders schöne Grünanlage. Wer die Abwechslung liebt, der kann ab dem rauschenden Wehr auf dem Treidelpfad direkt am Fluss laufen. Hier wurden früher von Tieren oder Menschen die Flöße flussaufwärts gezogen.

Als andere Alternative bietet sich ein steiler Abstecher über den sogenannten Osramhügel an. Erstaunlicherweise begegnen uns an diesem stadtnahen Lechufer viel weniger Spaziergänger und Hunde als auf der östlichen Seite. Es geht nun am Osram-Lampenwerk vorbei. Zum Abschluss überqueren wir den ziemlich maroden Osramsteg und schließen so unsere kurzweilige Runde von mehr als sechs Kilometern. Einsteiger können eine kürzere Route von 3,7 Kilometern einschlagen, wenn sie mit der Friedberger Brücke das Ufer wechseln.

Übrigens: Seit etlichen Jahren hat sich der Flusslauf im Stadtgebiet als Wettkampfarena etabliert. Bei vier Breitensportveranstaltungen führen die Strecken das Ufer entlang. Beim SportScheck-Stadtlauf, Jakobus-Lauf, Triathlon Festival am Kuhsee und TSG-Herbstlauf kann man seine Kondition entlang dem Lech testen. (wm)

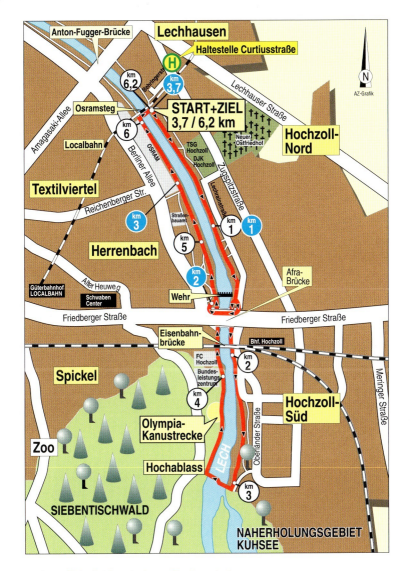

Anton-Fugger-Brücke

Lechhausen

Haltestelle Curtiusstraße

Behringersh.

H

km 6,2

km 3,7

Osramsteg

START+ZIEL 3,7 / 6,2 km

km 6

Localbahn

Amagasaki-Allee

Berliner Allee

OSRAM

Lechhauser Straße

Neuer Ostfriedhof

Hochzoll-Nord

TSG Hochzoll

DJK Hochzoll

Zugspitzstraße

Textilviertel

Reichenberger Str.

km 3

Straßenbauamt

Lechhainstraße

km 1

km 1

Herrenbach

km 5

km 2

Afra-Brücke

Aller Heuweg

Güterbahnhof **LOCALBAHN**

Schwaben Center

Wehr

Eisenbahnbrücke

Friedberger Straße

Friedberger Straße

Bhf. Hochzoll

FC Hochzoll

km 2

Spickel

Bundesleistungszentrum

km 4

Hochzoll-Süd

Zoo

Olympia-Kanustrecke

Oberländer Straße

Meringer Straße

Hochablass

LECH

km 3

SIEBENTISCHWALD

NAHERHOLUNGSGEBIET KUHSEE

N

AZ-Grafik

Höhenprofil der 6,2 Kilometer langen Strecke am Lech

Streckenentfernung (km)

Die Wertach lädt zum Sporteln ein
Jogging und Walking am Fluss entlang

Strecke: 6,5 Kilometer
Profil: flach mit 13 Höhenmeter
Boden: 22 % Asphalt und 78 % Parkwege
Markierung: keine
Start und Ziel: Gollwitzer Steg
Parken: Parkplatz in der Schießstättenstr.
Umkleide: keine
Sonstiges: Zwei Kioske und die legendäre Kulperhütte liegen direkt an der Strecke. Hier kann man nach dem Training seinen Flüssigkeitshaushalt ausgleichen.

Die Wertach reicht mit ihren Grünanlagen bis an den Rand der Augsburger Innenstadt. Jogger, Nordic Walker und andere Hobbysportler können oft von zu Hause starten. Das spart Zeit und schont die Umwelt. Gepflegte Parkwege, aber genauso kurzweilige Pfade erlauben abwechslungsreiche Routen.

Eine idyllische Strecke von 6,5 Kilometern soll exemplarisch vorgestellt werden. Als Start und Ziel wird der Gollwitzer Steg gewählt. Dieser befindet sich unweit des Rosenaustadions, und zwar am Ende der Schießstättenstr. Dort stehen einige Parkplätze zur Verfügung.

Unsere Tour führt vom Gollwitzer Steg zwischen Wertach und Wertachkanal in südliche Richtung und verläuft nach dem Localbahn-Übergang direkt am Westufer des Wertachkanals. Es geht flussaufwärts, aber die Steigung ist kaum zu spüren. Man muss einen Seitenkanal überqueren und kommt vorbei an der Kulperhütte, einem beliebten Ausflugslokal. Bald laufen wir unter der Bundesstraße hindurch.

Dann begleitet uns auf der linken Seite mehr als einen Kilometer das Gögginger Wäldchen. Dieses 39 Hektar große Landschaftsschutzgebiet lädt bei nächster Gelegenheit zu einem Abstecher ein. Auf einem schmalen Steg führt der Kurs über den Wertachkanal und wenig später auf der Wellenburger Str. über die Wertach. Die Hälfte hat man hinter sich und am westlichen Uferweg geht es zurück. Immer geradeaus und leicht bergab kommt man stromabwärts zügig voran.

Zur Orientierung dienen die Flusskilometertafeln, die an der Wertach alle 200 Meter zu finden sind. Beim sogenannten Eisernen Steg müssen wir einen kurzen Schlenker nach links machen, um nach dem Zaun das Localbahn-Gleis überqueren zu können (Vorsicht!). Dann kommt man auf einem Pfad zwischen Fluss und Kleingärten zurück zum Ausgangspunkt, dem Gollwitzer Steg.

Wer diese und andere Routen entlang der Wertach nicht alleine absolvieren will, kann sich diversen Gruppen anschließen. Vereine wie TV Augsburg, DJK Göggingen, TSV Göggingen sowie DJK Pfersee haben das flotte Gehen mit und ohne Stöcke in ihrem Angebot. (wm)

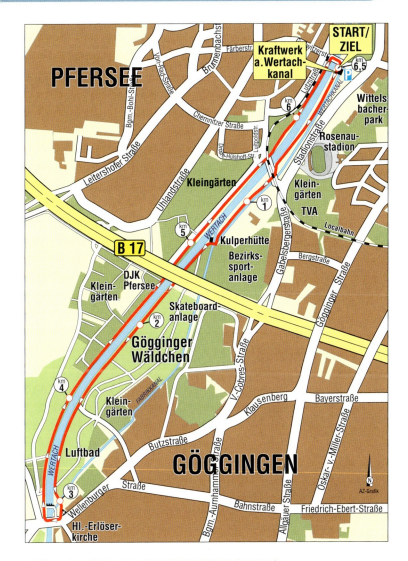

Höhenprofil der 6,5 Kilometer langen Strecke entlang der Wertach

Streckenentfernung (km)

Gut gegangen im Haunstetter Wald
Jogging und Walking im südlichen Stadtwald

Strecke: 8,0 Kilometer (5,4 Kilometer)
Profil: flach mit 13 Höhenmeter (7 Höhenmeter)
Boden: 100 % Waldwege
Markierung: keine
Start und Ziel: Ende des Kleingartenwegs
Parken: Parkplatz am Kleingartenweg in Haunstetten
Umkleide: keine
Sonstiges: Direkt am Start und Ziel fließt der Brunnenbach vorbei, der einst Augsburg mit Trinkwasser versorgte. Das saubere und kühle Quellwasser eignet sich vorzüglich für ein Fußbad nach dem Training gemäß der Lehre von Pfarrer Sebastian Kneipp.

Die Wälder nehmen fast ein Viertel des Augsburger Stadtgebietes ein. Der Siebentischwald und der südlich angrenzende Haunstetter Wald umfassen eine Fläche von 16 Quadratkilometern. Jogger, Nordic Walker und klassische Walker kommen hier auf ihre Kosten. Während der Siebentischwald von Erholungsuchenden aus allen Stadtteilen stark frequentiert wird, begegnet man im Haunstetter Wald viel weniger Menschen.

Der Parkplatz am Ende des Kleingartenwegs in der Nähe des Haunstetter Krankenhauses gilt als beliebter Startpunkt für Hobbysportler, die sich im Haunstetter Wald betätigen wollen. Dort beginnt ein einfach zu findender Rundkurs von acht Kilometern, der in südlicher Richtung fast die Lechstaustufe 23 erreicht. In Verlängerung des Kleingartenwegs joggen oder walken wir im Schatten spendenden Hochwald immer geradeaus.

Nach mehr als zwei Kilometern besteht auf Höhe der Lochbachbrücke die Möglichkeit, links abzubiegen und so die Route auf 5,4 Kilometer zu verkürzen. Wir entscheiden uns für die lange Tour. Weiterhin geradeaus führt die Strecke nun den Lochbach entlang, durch den etliche Stadtkanäle mit Lechwasser gespeist werden. Dann kommt man zu einem schmalen Steg über den Lochbach. Dort zweigen wir links ab und wenig später ein weiteres Mal. Die Hälfte wäre nun geschafft.

In Richtung Norden begleitet uns rechter Hand der Wildpark der städtischen Forstverwaltung. Nach ca. 500 Metern wählen wir halb links einen Wanderweg, der sich durch den südlichen Stadtwald schlängelt. Bis einen Kilometer vor Schluss kann man diesem kurzweiligen Pfad folgen. Am Waldrand entlang erreichen wir das Ziel.

Für Hobbyathleten, die nicht alleine im Haunstetter Wald unterwegs sein wollen, gibt es diverse Angebote des TSV Haunstetten. So bietet der traditionelle Lauftreff am Ausgangspunkt unserer Strecke auch Trainingsgruppen für die Geher mit oder ohne Stöcke. „Wir freuen uns während der Sommerzeit jeden Mittwoch um 18.30 Uhr und während der Winterzeit jeden Samstag um 14.30 Uhr über neue Gesichter", wirbt Albert Loderer für das kostenlose Fitnessprogramm. Der TSV-Ehrenpräsident kümmert sich nicht nur um diese

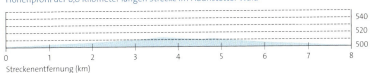

Höhenprofil der 8,0 Kilometer langen Strecke im Haunstetter Wald

Streckenentfernung (km)

Breitensporteinrichtung, sondern läuft auch fleißig mit. „Beim Skifahren und Bergwandern komme ich dank Jogging und Walking nicht so schnell aus der Puste", erzählt Loderer. Das Urgestein des Haunstetter Sports dient selber als bester Beweis, dass vernünftig betriebener Ausdauersport gesund und fit hält. (wm)

Bewegen und die Seele baumeln lassen
Kurzweilige Tour führt rund um Siebenbrunn

Strecke: 7,1 Kilometer
Profil: flach mit 8 Höhenmeter
Boden: 29 % Asphalt und 71 % Waldwege
Markierung: keine
Start und Ziel: Gaststätte Jägerhaus, Siebenbrunn 16
Parken: entlang Siebenbrunner Str. und Ochsenbachweg
Umkleide: keine
Sonstiges: Direkt am Start und Ziel lädt die Gaststätte Jägerhaus mit ihrem Biergarten ganzjährig zur Einkehr ein.

Die günstigen Auswirkungen auf die körperliche Gesundheit haben Jogging, Walking und Nordic Walking zu einer enormen Popularität verholfen. Hingegen sind die positiven Effekte für unsere Psyche weniger bekannt oder werden unterschätzt.

Das Abschalten in der Natur zählt jedoch zu den wichtigen Aspekten des Ausdauersports. Die Alltags- und Stressbewältigung wird verbessert und damit das Wohlbefinden gesteigert. Augsburger, die im schnellen Schritt ihre Seele baumeln lassen wollen, finden rund um ihren kleinsten Stadtteil Siebenbrunn beste Gelegenheiten.

Eine ideale Route beginnt an der Gaststätte Jägerhaus. Die Strecke von 7,1 Kilometern verläuft im Stadtwald, der eines der artenreichsten Naturschutzgebiete Bayerns ist. Wir starten in östlicher Richtung und erreichen über den Hugenottenweg einen idyllischen Spielplatz. Hier befand sich das Unterdorf von Siebenbrunn. Die Häuser samt einer Textilfabrik mussten in den 70er-Jahren den Interessen des Trinkwasserschutzes weichen.

Wir tauchen in den Wald ein und laufen 2,5 Kilometer nach Süden.

Interessantes gäbe es zu entdecken. Irgendwo linker Hand vermuten Heimatforscher den damaligen Standort der Gunzenlee, einer Kultstätte aus alemannischer Zeit. Entlang unserem Weg verlief einige Jahrhunderte das Flussbett des Lechs. Rechter Hand liegt versteckt das Wasserkraftwerk des ehemaligen preßmarschen Gutshofes.

Später überqueren wir den „Gießer". Er ist ein klarer Quellbach, im Unterschied zu den Gewässern, die über den Lochbach mit Lechwasser gespeist werden. Einst wurden die beiden Wassersysteme getrennt in die Stadt geleitet. „Gassen-Geräumt" heißt der Weg, der nach Westen geht.

Wir kreuzen die Schießplatzheide, die wieder im Frühjahr mit einer seltenen Blütenpracht aufwarten kann. Unweit der nächsten Kreuzung befand sich früher ein Munitionsdepot. Entlang dem Hugenottenweg erkennt man auf der rechten Seite einige der Bunker. Wiesen lösen jetzt den Wald ab. Auf einer Apfelbaumallee schweift der Blick über Siebenbrunn und Haunstetten. Nicht weit entfernt haben Biber einen halben Hektar großen See aufgestaut. Der Ochsenbachweg führt uns zum Ausgangspunkt zurück. (wm)

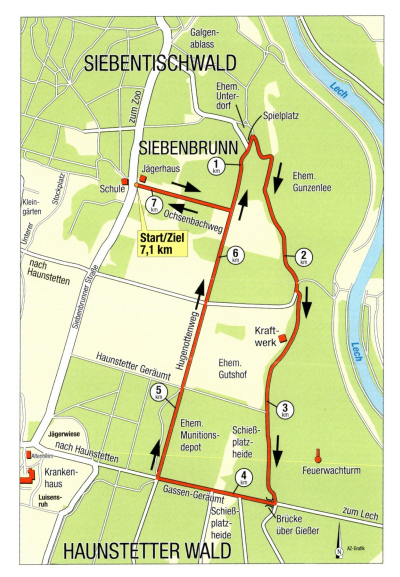

Höhenprofil der 7,1 Kilometer langen Strecke rund um Siebenbrunn

Streckenentfernung (km)

Laufen immer am Ufer entlang
Runden um fünf Seen unserer Region

Seeumrundungen im Lauf- oder Walkingschritt haben ihre besonderen Reize. Sicherlich zu kurz ist die Strecke von 441 Metern rund um den Stempflesee im Siebentischwald. Hier müsste man zu viele Runden drehen, denn unser Körper schaltet erst nach 30 bis 40 Minuten die Fettverbrennung richtig ein.

Besser geeignet wäre eine Tour am Kuhsee. Was macht eine flotte Umrundung des beliebtesten Augsburger Badegewässers so interessant? „Der tolle Blick über den See", meint Walter Kraus, ein routinierter Hochzoller Läufer. „Man hat ein klares Ziel vor Augen", sagt Andrea Schmid, die aus Kriegshaber extra zum Jogging an den Kuhsee kommt.

Wie viele Runden von 2,6 Kilometern sollte man als Gesundheitssportler absolvieren, fragen wir den Sportmediziner und ehemaligen Spitzenläufer Dr. Andreas Weniger. „Für die Gesundheit wäre drei Mal pro Woche ein langsames Lauftraining von etwa 40 Minuten optimal", sagt Dr. Weniger, der in Hochzoll unweit des Kuhsees aufgewachsen ist. Seine Empfehlung lautet: „Zwei bis drei Kuhseerunden in einem Tempo laufen, bei dem man sich noch bequem unterhalten kann." Es gibt weitere Gewässer in und um Augsburg, die zur Umrundung einladen. Auf all diesen Uferwegen empfiehlt sich am Wochenende ein Training am frühen Vormittag oder späten Nachmittag, um dem Ansturm der Spaziergänger zu entgehen. Hier die fünf Vorschläge:

Kuhsee
Die gefragteste Seerunde der Region misst 2,6 Kilometer. „Sehen und gesehen werden", lautet für manchen Hobbyathleten das Motto. Hier kann man seine Fitness wirkungsvoller demonstrieren als im nahen Siebentischwald. Am Ostufer stehen Fitnessgeräte bereit, um diejenigen Muskeln zu trainieren, die beim Ausdauersport weniger gefordert werden. Zwei große Parkplätze erreicht man über Hochzoll-Süd.

Autobahnsee
Stadtnah, aber trotzdem nicht überlaufen, lädt dieses Gewässer nahe dem Augsburger Flughafen zum Jogging, Walking oder Nordic Walking ein. 2,1 Kilometer sind für eine Umrundung zu absolvieren. Man fährt in Richtung Flughafen stadtauswärts, biegt unmittelbar nach der Autobahnausfahrt Augsburg-Ost rechts ab und erreicht dann die zahlreichen Parkplätze am Nord- und Ostufer.

Weitmannsee
Naturbelassen und idyllisch präsentiert sich der durch Kiesabbau entstandene See mit einer Runde von 3,1 Kilometern. Auf der Westseite kann man allerdings nicht am Ufer laufen, sondern muss zum Lechdamm ausweichen. Bei der Anfahrt von Augsburg über die Bundesstraße geht es am Ortsende von Kissing rechts ab. Parken ist auch hier kein Problem.

Wertachstausee
Der kleine Parkplatz an der Wertachbrücke nahe dem Bobinger Krankenhaus bietet sich als Startpunkt an. Erst führt die Strecke einen Kilometer in nördlicher Richtung die Wertach entlang, bevor der eigentliche Stausee

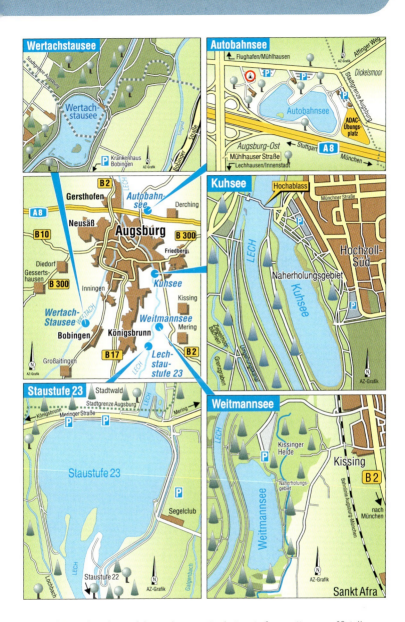

umrundet wird und es auf der anderen Flussseite zur Brücke zurück geht. 3,9 Kilometer beträgt der Rundkurs. Bei der Anfahrt folgt man in Bobingen der Wegweisung „Krankenhaus".

Lechstaustufe

Für eine Runde um den Mandichosee, wie die zwei Quadratkilometer große Lechstaustufe 23 seit 2003 offiziell heißt, muss man 8,5 Kilometer absolvieren. Es geht in südlicher Richtung den Lech entlang bis zur Staustufe 22, wo der Fluss überquert wird. Parken kann man bei der Staumauer an der Straße zwischen Königsbrunn und Mering oder am östlichen Ufer dieses Segel- und Surferreviers. (wm)

Hügel steigern die Trainingseffizienz
Ideales Terrain im Naturpark „Westliche Wälder"

Strecke: 6,9 Kilometer
Profil: leicht hügelig mit 69 Höhenmeter
Boden: 100 % Waldwege
Markierung: Die Strecke folgt bis Kilometer 3,2 und wieder ab Kilometer 4,6 dem „Schwäbisch-Allgäuer Wanderweg" von Leitershofen nach Sonthofen, markiert mit einem blauen Kreuz (X).
Start und Ziel: Wanderparkplatz P 8
Parken: Wanderparkplatz P 8 am Herrgottsberg in Leitershofen
Umkleide: keine
Sonstiges: Am Start und Ziel beginnt auch ein beliebter Trimm-Pfad (siehe Seite 29). Außerdem steht an diesem schattigen Wanderparkplatz ein Trinkbrunnen zur Erfrischung der Wanderer und Sportler zur Verfügung.

Am wirkungsvollsten für Gesundheit und Fitness ist der Ausdauersport im leicht hügeligen Gelände. Der Naturpark „Westliche Wälder" eignet sich bestens als Trainingsareal.

Der Wanderparkplatz P 8 am Herrgottsberg im Stadtberger Ortsteil Leitershofen zählt zu den beliebtesten Startpunkten. Trinkbrunnen, Fahrradständer und Übersichtstafel bieten die perfekte Infrastruktur. Hier beginnt ein idealer Rundkurs von 6,9 Kilometern. Die Strecke ist einfach zu finden, denn wir orientieren uns am „Schwäbisch-Allgäuer Wanderweg" von Leitershofen nach Sonthofen, markiert mit einem blauen Kreuz.

Bereits an der Einfahrt zum Parkplatz zeigt ein markanter Wegweiser die Richtung. Gleich zu Beginn erwartet uns der einzig heftige Anstieg auf unserer Route über sanfte Hügel. Man sollte diese ersten 150 Meter ganz langsam angehen. „Eine starke Belastung zu Trainingsbeginn schadet der Gesundheit", warnt Dr. Hans-Henning Borchers. Der Augsburger Sportmediziner empfiehlt prinzipiell leichte

Stretching- und Gymnastikübungen zum Aufwärmen.

Danach starten wir, begleitet von dem blauen Kreuz. Es führt uns vorbei an der Augsburger Hütte und dem Wellenburger Weiher. Auf einer aufgeforsteten Fläche hat man den höchsten Punkt erreicht. Wir verlassen nun den markierten Wanderweg und biegen links ab.

Nach genau 500 Metern geht es ein zweites Mal links. Bald erreichen wir wieder den Weiher und folgen der Markierung in entgegengesetzter Richtung zum Ausgangspunkt.

Was kaum bekannt sein dürfte: Das klassische Walking ohne Stöcke hat seine Wurzeln auch in den „Westlichen Wäldern". Am 13. Oktober 1963 fand in Bobingen der erste Volkslauf Deutschlands statt. Außer den Laufwettbewerben stand ein sogenannter Volksmarsch auf dem Programm. Innerhalb einer Sollzeit, die sich am Alter orientierte, waren zwölf Kilometer rund um Burgwalden zu absolvieren. Die Teilnehmer mussten ein flottes Gehen

AZ-Grafik

LEITERSHOFEN

START/ZIEL

Herrgottsberg

Wald-parkplatz

Exerzitien-haus

Leitershofer Wald

Augsburger Hütte

WELLENBURGER WALD

RADEGUNDIS

WELLENBURG

Wellenburger Straße

Radegundisstraße

Zum Fuggerschloss

Wellenburger Weiher

Schloss

NEUBERGHEIM

Die Strecke von 6,9 km folgt bis km 3,2 und wieder ab km 4,6 dem Schwäbisch-Allgäuer Wanderweg von Augsburg nach Sonthofen. Markierung: Blaues Kreuz (X)

BERGHEIM

Höhenprofil der 6,9 Kilometer langen Strecke im Naturpark „Westliche Wälder"

Streckenentfernung (km)

praktizieren, welches weitgehend dem heutigen Walking entsprach. Dieses Reglement unterschied den Wettbewerb für jedermann von bisherigen Wanderveranstaltungen. Die Initiatoren des TSV Bobingen hatten bereits den Aspekt der Gesundheitsvorsorge im Auge. Anfang der 60er-Jahre berichteten die Medien erstmalig von einem Zusammenhang zwischen Bewegungsmangel und bestimmten Krankheiten. (wm)

Foto: Hirche

Als Walking noch kein Thema war, wurde es in den „Westlichen Wäldern" bereits praktiziert, und zwar im Jahre 1963 in Bobingen.

Schmucker Wald im Friedberger Hügelland
Profilierter Rundkurs durch den Derchinger Forst

Strecke: 4,7 Kilometer
Profil: hügelig mit 81 Höhenmeter
Boden: 100 % Waldwege
Markierung: keine
Start und Ziel: Waldparkplatz Kohlstatt
Parken: Waldparkplatz Kohlstatt nahe der Kreisstraße von Derching nach Mühlhausen
Umkleide: keine
Sonstiges: Nur einen halben Kilometer von Start und Ziel entfernt bietet der Derchinger Baggersee eine nette Badegelegenheit. Mitten im Derchinger Forst, und zwar direkt an der Strecke bei Kilometer 4,2 wird ab Ende November die Kolpingkrippe aufgebaut. Diese besondere Weihnachtskrippe zieht in der Adventszeit viele Besucher an.

Jogging und Walking gelten als exzellente Mittel zur Gesunderhaltung. An geeigneten Strecken in und um Augsburg herrscht kein Mangel.

Im Osten von Augsburg ermöglicht das Friedberger Hügelland ideale Routen für Läufer und flotte Geher mit oder ohne Stöcke.

Derchinger, Landmannsdorfer und Eurasburger Forst heißen einige der schmucken Wälder rund um Friedberg. Die Augsburger aus Lechhausen, Hammerschmiede oder Firnhaberau schätzen den Derchinger Forst, der vier Kilometer von der nordöstlichen Stadtgrenze entfernt liegt. Als beliebter Ausgangspunkt gilt der Waldparkplatz Kohlstatt nahe der Kreisstraße von Derching nach Mühlhausen.

Die Runde, die vorgestellt werden soll, misst 4,7 Kilometer und erfordert mit ihren 81 Höhenmetern eine gewisse Grundkondition. In der Verlängerung der Parkplatzzufahrt führt unsere Route zunächst mäßig bergan. Aber immer stärker wird die Steigung, bevor man den höchsten Punkt des Derchinger Forstes erreicht hat.

Wir biegen links ab und folgen nun den leicht hügeligen Staatsforstwegen. An der Derchinger Forsthütte, dem Waldparkplatz bei Miedering und der Kolpingkrippe kommt man vorbei. Die letzten 500 Meter geht es steil bergab zum Ausgangspunkt.

Zwei Runden wären das richtige Pensum, denn mindestens 60 Minuten und idealerweise 90 Minuten sollte man im schnellen Walkingschritt unterwegs sein. Auch hier im Derchinger Forst treffen wir auf etliche Nordic Walker. „Ein Großteil beherrscht die Technik nicht ausreichend", stellt Dr. Hans-Henning Borchers immer wieder fest und ergänzt: „Besonders bei mangelhaftem Stockeinsatz kann dieser Ganzkörpersport seine Wirkung nicht entfalten."

Der Sportarzt des Bayerischen Landes-Sportverbandes hat schon Hunderte Übungsleiter geschult und empfiehlt den Nordic Walkern, an einer gründlichen Einweisung teilzunehmen.

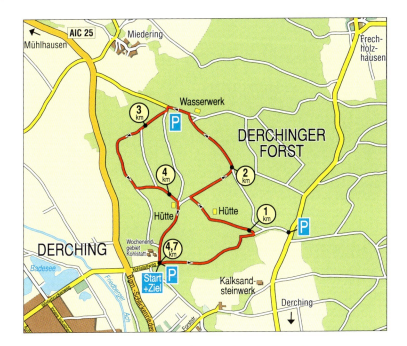

Höhenprofil des 4,7 Kilometer langen Rundkurses durch den Derchinger Forst

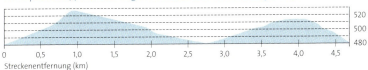

Streckenentfernung (km)

Wer im Derchinger Forst das Gehen mit den Stöcken erlernen möchte, ist beim Fußballclub Stätzling an der richtigen Adresse. Trainerinnen der Gymnastikabteilung bieten fortlaufend Kurse in diversen Leistungsgruppen. „Wir haben das passende Angebot sowohl für den unsportlichen Einsteiger als auch für den fitten Routinier", wirbt Fromut Beck, die unter Tel. 0821 / 78 23 28 über Nordic Walking im Derchinger Forst informiert. (wm)

Ideal zum After-Work-Running
Max-Gutmann-Laufpfad wird beleuchtet

Einweihung des Augsburger Max-Gutmann-Laufpfades mit Sportmediziner und Ex-Spitzenläufer Dr. Andreas Weniger (vorne links), Oberbürgermeister Dr. Paul Wengert (zweiter von rechts), BLSV-Bezirksvorsitzendem Bernd Kränzle (dazwischen) und städtischem Sportreferenten Dr. Gerhard Ecker (hinten links mit Bart)

Die positiven Auswirkungen auf Körper und Psyche sind beim Jogging und Walking direkt nach Feierabend besonders ausgeprägt. Das Abschalten vom stressigen Arbeitstag gelingt viel besser. Aber After-Work-Running gilt nach Ende der Sommerzeit als ziemlich problematisch. Das Unfall- und Sicherheitsrisiko schreckt besonders die weiblichen Hobbyathleten vom Training in der Dunkelheit ab.

Doch gerade in der bewegungsarmen Winterzeit ist ein regelmäßiger Ausdauersport an der frischen Luft sinnvoll. Der sogenannte Max-Gutmann-Laufpfad innerhalb der Sportanlage Süd wird von Montag bis Freitag jeweils bis 20 Uhr beleuchtet. Eine Runde misst genau 1.730 Meter. Kilometertafeln erleichtern die Orientierung. Bei Schneefall wird die Strecke vom Platzwart geräumt und gestreut. Die Benutzung ist kostenlos möglich. Im Sportplatzgebäude an der Ilsungstr. stehen spezielle Kabinen zum Umkleiden und Duschen zur Verfügung. Wertsachen können in Schließfächern deponiert werden.

Diese speziell angelegte und beleuchtete Lauf- und Walkingstrecke, die

allerdings für Nordic Walker gesperrt ist, gilt in Deutschland noch als Rarität. In nordeuropäischen Ländern und auch in der Schweiz zählen solche Einrichtungen zum Standard größerer Städte. In der Augsburger Sportanlage Süd sind im Winter bis zu 300 Läufer, Jogger und Walker allabendlich unterwegs. Aber auch zu den anderen Jahreszeiten findet der Laufpfad einen guten Zuspruch.

Der Rundkurs mit einer Breite von 1,50 Metern wurde im November 2002 von Oberbürgermeister Dr. Paul Wengert eröffnet. Das Material, ein für die Gelenke angenehmer Quetschsand, hatte die Max-Gutmann-Stiftung finanziert. Der 1996 verstorbene Max Gutmann, der große Augsburger Sportmäzen und Ehrenbürger der Stadt, startete einst an der Sportanlage Süd zu seinen regelmäßigen Dauerläufen im Siebentischwald. (wm)

Trimm-Pfade in und um Augsburg
Kurzweilige Parcours laden zum Trimmen ein

Mit der Trimm-dich-Bewegung der 70er- und 80er-Jahre kamen die Trimm-Pfade in Mode. Sie bieten die Möglichkeit, sich auf unterschiedliche Weise auszutoben: Dauerlauf, Sprint, Gymnastik und Kraftsport – all dies ist auf ein bis drei Kilometern möglich. Die kurzweiligen Runden mit bis zu 20 Stationen besitzen immer noch ihre Anhänger. Mittlerweile nutzen viele Sportler diese Parcours für ein reines Lauftraining, bei dem man selten alleine ist und – sofern gewünscht – schnell Anschluss findet. Hier die neun Trimm-Pfade in Augsburg und Umgebung:

Augsburg-Firnhaberau
TSG-Sportplatz, Schillstr.
2,0 Kilometer mit 15 Stationen

Augsburg-Göggingen
Luftbad, Waldstr.
0,85 Kilometer mit 6 Stationen
nur für Rollstuhlfahrer

Augsburg-Univiertel
Sportzentrum der Universität,
Universitätsstr.
0,98 Kilometer mit 8 Stationen, nur für Unistudenten und Unimitarbeiter

Aystetten
Waldparkplatz zwischen Hammel und Aystetten
2,5 Kilometer mit 18 Stationen

Bobingen-Siedlung
Waldparkplatz, Herbststr.
2,5 Kilometer mit 20 Stationen

Diedorf-Anhausen
Waldparkplatz, Burgwalder Str.
2,5 Kilometer mit 20 Stationen

Friedberg-Bachern
Waldparkplatz zwischen Ottmaring und Bachern
2,3 Kilometer mit 21 Stationen

Stadtbergen-Deuringen
Waldparkplatz nahe der Waldhausklinik
2,0 Kilometer mit 18 Stationen

Stadtbergen-Leitershofen
Waldparkplatz am Herrgottsberg
2,5 Kilometer mit 18 Stationen
(wm)

Rundkurs im Siebentischwald
Ideal auch für Einsteiger

Strecke: ca. 11,0 Kilometer
Profil: eben, ohne Steigungen, für Anfänger geeignet
Boden: Asphalt, zu Beginn verschmutzt und schlechte Oberfläche
Landschaft: Mischwald, Felder und Wiesen, Natur pur
Start und Ziel: Botanischer Garten/Zoo auf Parkplatz
Anfahrt: ab Königsplatz mit Bus 32 bis Haltestelle „Zoo/Bot. Garten" oder mit dem Pkw bis zum Parkplatz Zoo/Botanischer Garten

----

0,0 km Start ist die Haltestelle „Zoo/Bot. Garten". Man fährt vor bis zur Straße Dr.-Ziegenspeck-Weg und biegt in diese rechts ein,

0,3 km links in die Prof.-Steinbacher-Str., ehemalige Verkehrsstr. entlang der Mauer vom Tierpark.

0,6 km Schranke umfahren, ab hier sind die Straßenverhältnisse etwas schlechter. Achtung!

1,2 km Rechts in die Siebentischstr., noch vor der Brücke gleich wieder links in die Siebenbrunner Str., die Straße ist nun besser, kann aber verschmutzt sein,

3,1 km links in den Hugenottenweg, Richtung Waldgaststätte Jägerhaus,

4,3 km eine weitere Schranke umfahren und

4,6 km rechts in den Ochsenbachweg, hier fahren auch wieder Autos und Busse.

5,4 km An der Kreuzung kann man nun in die Waldgaststätte mit Biergarten einkehren oder gleich wieder rechts in die Siebenbrunner Str. einbiegen, nach der Schranke sind Autos und Busse wieder tabu.

6,3 km An diesem Abzweig ist man vorher eingebogen (Schnittpunkt der Runde), wir fahren aber geradeaus und diesen Abschnitt bis zum Abzweig Richtung Hochablass.

7,0 km Rechts zum Hochablass fahren (Spickelstr.)

8,3 km Rechts könnte man sich unter der alten Kuppel hinsetzen und ausruhen – wenn nicht, einfach der Spickelstr. weiter folgen.

9,3 km Eine Schranke muss umfahren werden,

9,4 km hier ist wieder Autoverkehr vom Wohngebiet möglich. Achtung! Wir folgen der Straße scharf links und gleich wieder leicht links in die Waldfriedenstr. (links am Gasthaus vorbei).

9,5 km Am Ende der Waldfriedenstr. geht es mit einer kleinen S-Fahrung gegenüber in den Parkweg hinein, geradeaus durch den Park,

10,5 km am Ende des Parks rechts in die Siebentischstr. und

10,7 km links in den Dr.-Ziegenspeck-Weg, zurück zur Auffahrt zur Bushaltestelle.

Start/Ziel

Zool.
Garten

Bezirks-
sportan-
lage Süd

Siebentisch-
wald

Siebenbrunn

Waldgast-
stätte

Haunstetten

Lech

Hochablass

Kuhsee

Auensee

Lech

9,4 km

10,5 km

1,2 km

8,3 km

7,0 km

3,1 km

5,4 km

4,6 km

Originalroute im „Tourenatlas für Augsburg und Umgebung", erhältlich im Buchhandel

Rundkurs Augsburg Messe
Eine flache Runde durch Haunstetten

Strecke: ca. 13,0 Kilometer
Profil: flache, einfache Runde (ideal für Kinder)
Boden: guter Asphalt, evtl. landwirtschaftliche Verschmutzung
Landschaft: Ortsteil Haunstetten, durch Felder und Gewerbegebiet
Start und Ziel: Häuschen am Parkplatz Messe Süd Augsburg
Anfahrt: ab Königsplatz mit Bus 41 bis Haltestelle „Messe Süd" oder mit dem Pkw bis zum Parkplatz Messe Süd

---

0,0 km Parkplatz Messe Süd: am Kassenhäuschen die Universitätsstr. überqueren und links auf dem Fuß-/Radweg bis zur Kreuzung,

0,1 km rechts entlang der Friedrich-Ebert-Str.,

0,4 km über die Kreuzung (Ampel) und geradeaus weiter,

1,1 km rechts neben den Straßenbahngleisen die Haunstetter Str. Richtung Süden,

2,2 km rechts in die Bgm.-Ulrich-Str. einbiegen,

3,1 km vor den Schienen die Straße überqueren, in die Untere Talstr. und gleich wieder die Straßenseite wechseln (Ampel), geradeaus weiter,

3,3 km Straße überqueren (Ampel), geradeaus weiter,

3,6 km Straße überqueren (Ampel), geradeaus weiter, jetzt Postillionstr.

4,0 km Straße überqueren (Ampel), geradeaus weiter

4,4 km Straße überqueren (Ampel), beim Sportstadion

4,5 km links über die Schienen und gleich wieder rechts entlang der Straßenbahn, vorbei an der Endhaltestelle,

5,0 km rechts in die Inninger Str.,

5,7 km Unterführung B17,

6,0 km rechts in geteerten Feldweg, landwirtschaftlicher Weg,

6,8 km links geteertem Weg folgen,

7,4 km wieder links,

7,5 km Weg leicht rechts folgen und unter Bahnunterführung durch, Achtung: Kopfsteinpflaster! Danach leichte und kurze Steigung in Theodor-Sachs-Str.,

8,0 km an der Kreuzung geradeaus weiter,

8,3 km rechts entlang der Lindauer Str.,

8,7 km Ortsschild Inningen, geradeaus Richtung Göggingen, rechts vorbei an Feldern, links passiert man den Golfclub,

10,0 km an der Ampelkreuzung rechts in die Allgäuer Str.,

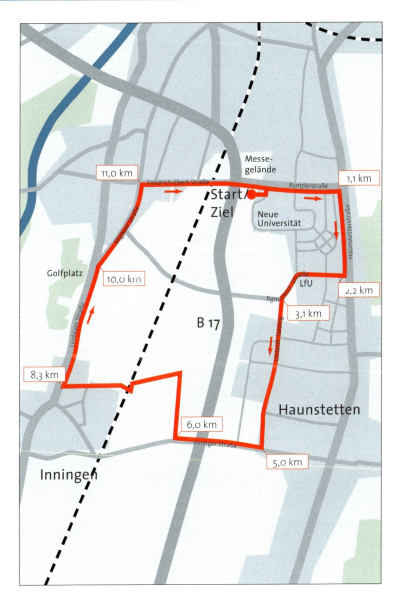

10,4 km	geradeaus weiter,
11,0 km	rechts in die Friedrich-Ebert-Straße einbiegen,
11,9 km	Unterführung Bahn,
12,0 km	Kombination Unterführung und Brücke B17,

| 12,5 km | rechts in Universitätsstr. zum Parkplatz Messe einbiegen, man ist zurück an Start/Ziel. |

Originalroute im „Tourenatlas für Augsburg und Umgebung", erhältlich im Buchhandel

Auf dem Drahtesel rund um Augsburg
Familienfreundliche Fahrradtour über 27 Kilometer

Strecke: ca. 27,0 Kilometer
Profil: weitgehend flache Runde
Boden: asphaltierte Wege und Straßen
Landschaft: Lech- und Wertachufer, Siebentischwald, Ortsteile Hochzoll, Lechhausen, Firnhaberau, Oberhausen, Göggingen
Start und Ziel: Hochablass

Die Augsburger Topografie ermöglicht eine reizvolle und weitgehend autofreie Fahrradtour rund um die Stadt. Lech im Osten, Wertach im Westen und Siebentischwald im Süden, lautet das Prinzip des dreieckigen Kurses.

Der Ausflug über 27 Kilometer kann z. B. am Hochablass begonnen werden. Am Ostufer des Lechs folgt man dann der markierten Radwanderroute „Via Claudia" in nördlicher Richtung. Wir lassen die Stadtteile Hochzoll, Lechhausen und Firnhaberau rechter Hand liegen. Einen Kilometer nach der Autobahn lädt der idyllische Europaweiher zu einer Rast ein.

Mit der Gersthofer Lechbrücke wird die Flussseite gewechselt. Nun sind wir im Stadtgebiet von Gersthofen. Die ebenfalls gekennzeichnete „Wertach-Route" führt entlang dem Lechkanal in südliche Richtung. Nach der Autobahnunterführung erreicht man den Augsburger Stadtteil Oberhausen und zwei Kilometer später die Wertach. Wir folgen immer der „Wertach-Route", kommen unweit vom Hauptbahnhof und am Rosenaustadion vorbei. Im Stadtteil Göggingen können sich die Ausflügler an Kiosken direkt an der Wertach erfrischen.

Die „Wertach-Route" verlassen wir dort, wo die Bundesstraße 17 den Fluss überquert. Es geht vor der Brücke rechts hoch zur Stadtautobahn. Ohne markierte Radwanderroute, aber mit der Radfahrer-Wegweisung „Hochfeld" und „Messezentrum" finden wir ohne Probleme entlang der Bundesstraße 17 zum Messezentrum. Ab dort begleitet uns die sogenannte „5-Seen-Route". An der Sportanlage Süd gibt es eine letzte Möglichkeit zur Rast. Dann geht es am Stempflesee vorbei und durch den Siebentischwald zurück zum Ausgangspunkt, dem Hochablass.
(wm)

Diese beiden Kartenwerke eignen sich als Orientierungshilfe für Augsburger Radfahrer und sind im Buchhandel erhältlich:
- ADFC-Radwanderkarte Augsburg und Umgebung (ISBN 978-3-87073-203-2, 6,80 Euro)
- Amtlicher Fahrrad-Stadtplan Augsburg (ISBN 978-3-935126-10-7, 3,50 Euro)

Der „Amtliche Fahrrad-Stadtplan Augsburg" präsentiert das komplette Radverkehrsnetz in und um Augsburg. Man findet mit diesem Kartenwerk sichere und komfortable Strecken für den Alltagsverkehr. Für Freizeitradler dokumentiert der Plan auf wasserabweisendem und reißfestem Papier die markierten Radwanderrouten.

Radwanderrouten in und um Augsburg
Mit dem Rad durch Augsburgs Umland und Geschichte

Der Prospekt „Neue Radler-Lust – Die schönsten Fahrrad-Touren in der Region Augsburg" der Regio Augsburg enthält ausführliche Beschreibungen zu den folgenden Radwanderrouten. Er kann unter Tel. 0821/5 02 07-0 oder www.augsburg-tourismus.de bestellt werden.

 5-Seen-Route (1)
Im Süden beginnt die 5-Seen-Route mit der Lechstaustufe 23, dem größten See im Raum Augsburg. Weiter geht es zum Naherholungsgebiet Ilsesee und zum Kuhsee, dem beliebtesten Badesee in Augsburg. Am Friedberger Baggersee ist das Wasserskiangebot eine große Attraktion. Der Autobahnsee lockt mit seinem Sandstrand.

 Wertach-Route (2)
Abseits vom Verkehr folgt die Wertach-Route den erholsamen Wertachauen. In Gersthofen befindet sich der Ausgangspunkt dieser Tour, welche Sie durch Augsburg nach Schwabmünchen führt.

 Sonnige Reischenau (3)
Eine sonnige Radtour auf zumeist ebenen Wegen und Nebenstrecken durch die Wiesen des Schmutter-, Zusam- und Rothtales ins Herz des Naturparks Augsburg „Westliche Wälder". Die „Sonnige Reischenau" beginnt am Hauptbahnhof und streift die Orte Neusäß, Diedorf, Kutzenhausen, Dinkelscherben, Zusmarshausen, Rothsee und Horgau.

 Die Stauden (4)
Die „Stauden" im Süden des Naturparks Augsburg „Westliche Wälder" gehören mit zu den beliebtesten Ausflugsgegenden für Radfahrer in Augsburg und Umgebung. Die Tour führt durch ausgedehnte Waldgebiete, unterbrochen von schmalen Wiesentälern mit malerischen Dörfern. Ein Höhepunkt dieser Route ist das Kloster Oberschönenfeld mit seinem schwäbischen Volkskundemuseum und einem wunderschönen Biergarten. Sie beginnt am Hauptbahnhof und führt vorbei an Wellenburg mit seiner herrlichen Allee, Burgwalden, Weiherhof, Waldberg und Reinhartshofen.

 Der Schwäbische Mozartwinkel (5)
Die bäuerlichen Vorfahren von Wolfgang Amadeus Mozart stammten aus Fischach-Heimberg in den „Stauden". Hügelige Waldwege und verkehrsarme Nebenstrecken machen hier im Schwäbischen Mozartwinkel das Radeln so beliebt. Diese Tour beginnt und endet am Hauptbahnhof. Man fährt über Wellenburg nach Oberschönenfeld (Kloster mit Volkskundemuseum), Fischach, Willmatshofen und Weiherhof.

 Beim Boarischen Hiasl (6)
Eine kurzweilige, gemütliche Ausflugstour auf wenig befahrenen Nebenstrecken auf dem hügeligen, altbayerischen Lechrain, wo ehedem der „Boarische Hiasl" wilderte. Der Hauptbahnhof ist ebenfalls Ausgangspunkt dieser Route, die Sie an Kuhsee und Hochablass vorbeiführt. Weiter geht's über Paardurchbruch, Ottmaring, Bachern, Baindlkirch und Merching zurück Richtung Hochablass und Hauptbahnhof.

Auf Ludwig Ganghofers Spuren in den Schwäbischen Holzwinkel (7)

Auf der als Radweg ausgebauten ehemaligen Bahntrasse werden die Radfahrer in den waldreichen Schwäbischen Holzwinkel geführt. Diese Route beginnt am Moritzplatz und führt über Hauptbahnhof, Stadtbergen und Neusäß hinaus nach Aystetten, Welden, Violau und Horgauergreut. Bis Violau entspricht diese Route dem Verlauf der Route „Landrat-Dr.-Frey-Radweg".

 ### Romantische Straße (8)

Die Städte und Dörfer entlang der Romantischen Straße haben ihr historisches Gesicht bewahrt. Ihre Atmosphäre erschließt sich den Radlerinnen und Radlern auf dem insgesamt 419 Kilometer langen Weg vom Main bis zu den Alpen auf eine geruhsame und beschauliche Art. Die Route führt Sie u. a. nach Kloster Holzen, Biberbach, Augsburg, Friedberg, St. Afra im Felde, Haunstetten, durch die Lechauen nach Schwabstadl und Landsberg.

 ### Bayernnetz für Radler (9)

Das Bayernnetz für Radler ist ein bayernweit angelegtes Radwandernetz durch erholsame, grüne Landschaften unserer Heimat. Viele kulturhistorische Sehenswürdigkeiten entlang der Strecken laden zum Verweilen ein.

7 Schwaben (10)

Die 7-Schwaben-Tour führt Sie über Wellenburg aus Augsburg hinaus in heimelige Schwabendörfer rund um den Naturpark Augsburg „Westliche Wälder". Hierzu zählen Türkheim, Kirchheim, Thannhausen, Burgau, Pfaffenhofen an der Zusam, Mertingen, Kloster Holzen, Biberbach und schließlich noch die Stadt Neusäß.

 ### Auf römischen Spuren (11)

Die historischen Verbindungen „Via Claudia" und „Via Julia" bilden Teilabschnitte dieses Rundkurses. Römische Sehenswürdigkeiten entlang dieser Strecke sind: ein Römerstein am Predigerberg (in der Grünanlage), das Römische Museum in der Dominikanergasse, der Kaiser-Augustus-Brunnen am Rathausplatz, die Römermauer am Hohen Weg, ein Grabungsfeld „Am Pfannenstiel" (hinter der Häuserreihe), ein Pfeilergrabstein in Oberhausen an der Ecke Hirblinger Str./August-Wessels-Str. und ein weiterer Römerstein an der Haunstetter Str. südlich vom Protestantischen Friedhof.

 ### Via Claudia (12)

Die Via Claudia führt auf einer der historischen römischen Straßen, die früher über die Alpen nach Italien verliefen. Ab dem Kuhsee begleitet diese Strecke den Lech nach Norden durch parkähnliche Anlagen und Auen.

 ### Via Julia (13)

Die Via Julia beginnt am Dom und setzt sich ab Höhe Kuhsee in Richtung Friedberg fort. Sie verläuft entlang der historischen Fernstraße zwischen Augsburg und Salzburg.

Bayerisch-schwäbische Barockperlen (14)

Im Alpenvorland erlebte der süddeutsche Barock seinen Ursprung und seine Blüte. Aufgereiht wie auf einer Perlenkette finden sich prächtige Beispiele bayerisch-schwäbischer Barockkultur auf dieser Tour in den nördlichen Teil des Naturparks Augsburg „Westliche Wälder". Alles, was Sie zum Erleben brauchen, ist Zeit, Muße und offene Sinne. Nicht umsonst verläuft hier die Romantische Straße für Radler weitgehend routengleich im weiten, sonnigen Lech- und Schmuttertal.

Das Runde muss ins Eckige und ein Spiel dauert 90 Minuten

Fußball ist in Deutschland der mitgliederstärkste Vereinssport und echter Volkssport. In Vereinen, aber auch auf Bolzplätzen und Straßen kicken Menschen egal welchen Alters gegen das Leder – oder schauen anderen dabei zu.

Checkliste
- geeignet ab 5 Jahren, egal ob Frau oder Mann, familienfreundlich, lässt sich praktisch überall spielen
- Ausrüstung (Vereinsfußball): Fußballschuhe, Schienbeinschoner
- Verletzungsgefahr lässt sich durch intensives Aufwärmtraining minimieren
- Fußball fördert Teamgeist, Ausdauer und Beweglichkeit

Ansprechpartner
Für alle Fragen rund um Fußball in der Region Schwaben: Der Bayerische Fußballverband (BFV), Bezirk Schwaben, bietet auf seiner Website www.bfv-schwaben.de Infos (z. B. über das Fußballabzeichen), Termine und Links zu allen Vereinen in der Region. Kontakt: Manfred Ringer, Kazböckstr. 28, 86157 Augsburg, Tel. 0821/52 68 76, bfv.schwaben@t-online.de

DIE 5 MITGLIEDERSTÄRKSTEN VEREINE Adressen und Details ➜ S. 130 ff.
TSV Haunstetten
TSV 1847 Schwaben-Augsburg
TSG 1885 Augsburg
TSG Augsburg-Hochzoll 1889
DJK Augsburg-Hochzoll

Tipps zur Vereinssuche
Vereine in der Nähe findet man unter www.bfv-schwaben.de ➜ Vereine und http://adressen.bfv.de. Einen guten Einstieg in den Hobbyfußball findet man auch bei der Augsburger Hobbyrunde unter http://hobbyrunde.base.cc.

Angebote für Fans
www.fcaugsburg.de – die offizielle Seite des FC Augsburg. Mehr über den FCA im eigenem Bericht „Geschichte und Aufstieg des FC Augsburg" (siehe Seite 42)

Angebote für Frauen und Mädchen
Spezielle Angebote für Frauen bieten fast alle großen Vereine, zwei Beispiele:
- TSV 1847 Schwaben Augsburg, www.tsvschwaben-frauenfussball.de
- TSV Pfersee e. V. 1885, www.tsvpfersee-damenfussball.de

Buchempfehlung
Das Buch „Augsburger Fußball-Geschichte" von Eckert und Klinger berichtet auf 192 Seiten in Bildern und Texten über die Geschichte aller Augsburger Fußballvereine. Erhältlich für 19,80 Euro im Buchhandel (ISBN 3-938332-08-5).

B1-Juniorinnen des TSV Schwaben Augsburg (Bayernliga)

Angebote für Kids und Jugend

Eine gute erste Anlaufstelle für Jugendliche in Augsburg sind die großen Vereine. Diese trainieren alle Altersklassen und haben einen Jugendleiter (z. B. TSV Haunstetten: Willi Wawra). Am besten anrufen und nach dem Ansprechpartner für das jeweilige Alter fragen.

Ferienangebot der Stadt

Unter www.tschamp.de ➜ Angebote ➜ Sport findet man das Ferienprogramm Tschamp mit viel Programm rund um Fußball: Turniere, Soccer-Camp, Action-Kurse …

Freizeitsportanlagen

„Die Oase" – Freizeitsportanlage Wolfgangstr., Eingang Wiesenstr., Tel. 0821/42 52 94. Mehr Anlagen unter www.sjr-a.de ➜ Jugendhäuser.

Interkulturelle Fußballclubs

Unter www.interkultureller-stadtplan.de ➜ Orte ➜ Freizeit & Sport findet man interkulturelle Fußballclubs in Augsburg mit Angabe der Trainingszeiten und Ansprechpartner.

Hallenfußball

Im Jugendkreis Augsburg veranstaltet der BFV jährlich weit über 100 Turniere (von F- bis A-Jugend). Gerade in der punktspielfreien Zeit oder bei schlechtem Wetter ist Hallenfußball ideal. Es bietet Tempo, Dynamik und eine besondere Hallenstimmung. Nähere Infos bei den Vereinen.

Trendsport Futsal

Futsal ist nichts anderes als Hallenfußball. „Fut" kommt vom spanischen Wort „Futbol" und „sal" von „Salon" für

Halle. Futsal wird sowohl in der Halle als auch im Freien ausgetragen und hat eine Vielzahl eigener Regeln: Der Ball ist kleiner, hat weniger Druck und eignet sich somit nicht für Fernschüsse oder hohe Bälle.

Obwohl der DFB Futsal fördert, tut sich der neue Trend in Augsburg schwer: Der klassische Hallenfußball ist hier sehr beliebt (siehe oben).

Beach-Soccer
Auf dem Sandfeld (13 x 22 Meter) lässt es sich gut 4 gegen 4 oder 5 gegen 5 spielen.
- gestrandet – Indoor – Beachsport Augsburg, Hofrat-Röhrer-Str. 12, Tel. 0821-567 70 60, www.einfach-schoen-beachen.de

Tischfußball
Die Firma „Rent a Kicker" verleiht Geräte und informiert unter www.rentakicker.de ➜ Aktuell über Kicker-Events in der Region.

www.tischfussball.de
Die Website zum Thema Tischfußball mit Spielregeln, Terminen, Bildern und mehr.

Spielmöglichkeiten (Auswahl)
- ABC Bowling, Viktoriastr. 3–9, Tel. 0821/4 20 73 98
- Harlekin Bowling, Eichleitnerstr. 7, Tel. 0821/58 93 900
- Kantine (Disco), An der Pferdeweide 10, Tel. 0821/5 43 78 20
- Kitsch (Bistro), Kuttlergässchen 1, Tel. 0821/15 62 23
- Provino Sport, Provinostr. 59, Tel. 0821-55 55 22
- Sputnik (Kneipe), Stettenstr. 32, Tel. 0821/51 61 09

Faustball und Bewegungskünste

Faustball

Faustball ist ein Rückschlagspiel für zwei Mannschaften mit je fünf Spielern und bis zu drei Ersatzspielern.

FAUSTBALL IM VEREIN Adressen und Details ➜ S. 130 ff.
Bayerischer Gehörlosen-Sportverband
DJK Nord Augsburg
DJK Univiertel
SG Augsburg Faustball
TG Viktoria Augsburg
TSV Göggingen
TSV Schwaben Augsburg
TV Augsburg
Vitalsportgemeinschaft Haunstetten-Königsbrunn

Ansprechpartner
Bayerischer Turnspiel-Verband e. V., Referent für Freizeit- und Breitensport, Patrick Faustin, Tel. 0821/52 74 53, www.turnspiele-bayern.de

Bewegungskünste

Zu den Disziplinen der Bewegungskünste (Zirkuskünste) gehören Partnerakrobatik, Jonglieren, Einradfahren (siehe Radsport), Keulen- und Fackelschwingen und weitere ursprünglich im Zirkusbereich angewandte Disziplinen.

Checkliste
• Alter: ab ca. 5 Jahren
• Jonglierrequisiten meist in den Vereinen vorhanden
• Training: Koordination und Gleichgewichtssinn

Ansprechpartner
Ingo Hoffmann, Tel. 0821/5 89 51 06, www.turnspiele-bayern.de

Kids

... lieben das Einradfahren und stellen sich dabei unglaublich geschickt an.
• TSG Stadtbergen

ANBIETER FÜR BEWEGUNGSKÜNSTE Adressen und Details ➜ S. 130 ff.
DJK Augsburg-Hochzoll
Sportkreisel
TSG Stadtbergen
TSV Schwaben
Volkshochschule Augsburg

Feuer und mittelalterliche Gaukeleien

Jonglieren mit Feuer und die Kunst der Gaukler kann man im DJK Augsburg-Hochzoll erlernen.

Szene-Info

Alle wichtigen Termine, Infos und Neuigkeiten rund ums Jonglieren gibt es in der Jonglierzeitschrift „Kaskade". www.kaskade.de

Carlos G@photocase.com

41

FC Augsburg
Geschichte und Aufstieg des FC Augsburg

Das Jahr 2006 war ein ganz besonderes für den FCA und die fußballbegeisterten Menschen in Augsburg. Nach 23 Jahren gelang dem Club die Rückkehr in die 2. Bundesliga, Augsburg taucht endlich wieder auf der Landkarte des Profifußballs auf. Am 16. März 2007 gastiert der FCA in der mit 69.000 Zuschauern ausverkauften Münchner Allianz-Arena beim TSV 1860 München und gewinnt mit 3:0. Dieser Tag unterstreicht den Aufschwung beim FC Augsburg wie kein anderer, da über 40.000 FCA-Anhänger den Weg nach München finden.

Foto: FC Augsburg

Oberbürgermeister Dr. Paul Wengert, Susanne Fischer (SPD Göggingen) und FCA-Präsident Walther Seinsch vor einem Entwurf für die neue FCA-Arena

100 Jahre FCA
Der Aufschwung geschieht gerade rechtzeitig zum 100-jährigen Vereinsjubiläum, denn der FC Augsburg wurde am 8. August 1907 unter dem Namen FC Alemannia Augsburg gegründet. Sicher werden die Feierlichkeiten zum Vereinsjubiläum auch die Saison 2007/2008 prägen, die mittlerweile 1.300 Mitglieder und die rund 20 offiziellen Fanclubs freuen sich auf die Jubiläumssaison.

Kontaktdaten FC Augsburg
FC Augsburg 1907 GmbH & Co KG aA
Donauwörther Str. 170
86154 Augsburg
Tel. 0821/45 54 77-0
Fax 0821/45 54 77-70
E-Mail: info@fcaugsburg.de
Homepage: www.fcaugsburg.de

Zudem wird im Herbst 2007 an der B17 in Göggingen der erste Spatenstich für die neue FCA-Arena erfolgen, die über 30.000 Zuschauern Platz bieten wird – ein Meilenstein in der Vereinsgeschichte des FC Augsburg.

FCA-Akademie – Jugendarbeit beim FC Augsburg
Der FC Augsburg kann bei seiner Nachwuchsarbeit besonders in den 90er-Jahren auf große Erfolge zurückblicken. So errang man im Wettbewerb mit den Jugendteams der Bundesligisten trotz schlechterer finanzieller Voraussetzungen die deutsche Meisterschaft und vier Mal den DFB-Pokal der A-Junioren. Die Talentschmiede des FCA durchliefen Spieler wie Helmut Haller, Bernd Schuster, Raimond Aumann, Karl-Heinz Riedle, Armin Veh und einige andere.

Allerdings ist es seit 1995 etwas ruhiger um die Nachwuchsarbeit des FCA geworden. Deshalb ist der sportliche Erfolg der FCA-Profis in der jüngeren Vergangenheit sehr förderlich für die Nachwuchsarbeit beim FC Augsburg.

FCA-Nachwuchskoordinator Thomas Tuchel und Jugendleiter Günter Hausmann treiben die Entwicklung der FCA-Akademie voran, die den Anforderungen der Deutschen Fußball Liga für ein Nachwuchsleistungszentrum für

Bundesligisten voll entspricht. Neben der fußballerischen Ausbildung stehen Schule und Beruf im Vordergrund.

Kooperationen mit Schulen und dem Kultusministerium, Hausaufgabenbetreuung, groß angelegte medizinische Check-ups, Gastfamilien für die Jugendspieler aus weiterer Entfernung und eine umfassende fußballerische und schulisch/berufliche Ausbildung gehören zu den wichtigsten Inhalten der FCA-Akademie.

Kooperation mit Vereinen aus der Region

Die verantwortlichen Personen des FCA legen bei der Sichtung der Spieler für die Nachwuchsarbeit im Club größten Wert auf die Zusammenarbeit mit den Vereinen aus der Region. Ständiger Kontakt mit den Verantwortlichen dieser Vereine und ein dichtes Scouting der Jugendspieler aus der Region sind hier wichtige Bausteine zur Weiterentwicklung der Jugendarbeit.

Neben Einladungen von Jugendmannschaften anderer Clubs zu den Heimspielen der FCA-Profis gehen auch die

Foto: FC Augsburg

Aufsichtsratsvorsitzender Peter Bircks, FCA-Manager Andreas Rettig, FCA-Jugendspieler und Sparkassenvorstand Werner Lauterbach

Trainer des FCA regelmäßig zu den Clubs in der Umgebung und halten hier Trainingseinheiten ab.

Anmeldung zum Probetraining

Für Jugendspieler, die Interesse an einem Probetraining beim FC Augsburg haben, gibt es die Möglichkeit, sich mit einem Formular für ein solches zu bewerben, oder am FCA-Jugendtag auf der Paul-Renz-Sportanlage teilzunehmen. Die Termine können der FCA-Jugendhomepage unter www.fca-jugend.de entnommen oder bei der FCA-Geschäftsstelle unter 0821/45 54 77-0 nachgefragt werden.

Foto: FC Augsburg

FCA-Profi Patrick Mölzl mit Spielern der FCA-F-Jugend

Kontaktdaten FCA-Jugend
FC Augsburg e. V. Jugendabteilung
Donauwörther Str. 170
86154 Augsburg
Tel. 0821/45 54 77-0
Fax 0821/45 54 77-70
E-Mail: tuchel@fcaugsburg.de
Homepage: www.fca-jugend.de

Rennrad, Mountainbiking, Einrad und mehr

Radtouren → S. 35 ff. Radsport ist vielfältig: von den verschiedenen Wettbewerben wie Straßen-, Bahn- oder Mountainbike-Rennen über Radball und Kunstradfahren bis hin zum Radwandern – bei dem das Erleben der Natur im Vordergrund steht – hier ist für jeden etwas dabei.

Checkliste
• Fahrradhelm, Trinkflasche und eine gepolsterte Radlerhose sind neben dem Rad empfehlenswert
• Kondition und Muskulatur werden gestärkt

Ansprechpartner
Radsportbezirk Schwaben e. V., Joachim Pflederer, Tel. 0731/72 37 80, www.radsportinschwaben.de

Bayerischer Landes-Sportverband, Bezirk Schwaben, Robert Häfele, Neuhäuserstr. 1, 86154 Augsburg, Tel. 0821/42 66 11, www.blsv-schwaben.de

Allgemeiner Deutscher Fahrrad-Club Kreisverband Augsburg e. V. (ADFC), Heilig-Kreuz-Str. 30, Tel. 0821/3 71 21, www.adfc-augsburg.de
Tipp: Broschüre „Radtourenprogramm"

RADSPORT IM VEREIN
Vollständige Adressen → S. 130 ff.
Allgemeiner Deutscher Fahrrad-Club Kreisverband Augsburg (ADFC)
E-Racers Top Level
Radfahrer-Club Pfeil Augsburg
Radfahrerverein Wanderer
Radsportfreunde Augsburg
RSG Augsburg
Radsportverein Phönix 1893 Augsburg
Rad- und Kraftfahrerbund Solidarität Augsburg
Städtische Sportgemeinschaft Augsburg
Veloclub Lechhausen

Kids und Jugend
Die RSG Augsburg bietet in den Ferien Schülerkurse auf der Radrennbahn an. Mehr Infos unter www.tschamp.de → Angebote → Sport oder direkt beim Verein.

Weitere empfehlenswerte Vereine für Jugendliche sind im Bereich Radrennsport der E-Racers und in der Disziplin Kunstradfahren der RC Pfeil sowie die Solidarität Göggingen.

BMX-Sport
Wer Interesse am BMX-Fahren hat, kann sich an den Fachwart BMX/Trial vom Radsportbezirk Schwaben e. V. wenden: Robert Zacheo, Tel. 08231/9 03 88. PS: Eine schöne BMX-Anlage findet man direkt am Ilsesee in Königsbrunn.

Generation 50+
Jeder der oben genannten Vereine ist empfehlenswert für jung gebliebene Radfahrer, z. B. der RC Pfeil, bei dem viele Hobbyfahrer sind, oder der ADFC Augsburg, bei dem auch viele über 60 die geführten Radtouren mitmachen.

Behindertenradsport

Behindert und trotzdem Lust am Radfahren? Weltmeister und Paralympics-Sieger von der RSG Augsburg geben gerne Auskunft.

Für Blinde bietet der ADFC die Möglichkeit an, als Blindentandempilot hinten auf einem Tandem mitzufahren.

Kunstradfahren

Kunstradfahren kann man ab einem Alter von 6 Jahren beim RC Pfeil Augsburg und SV Solidarität Göggingen. Interessierte sind jederzeit zum Schnuppertraining willkommen.

Kunstradfahren beim RC Pfeil

Radball

Der Rad- und Kraftfahrerbund Solidarität Augsburg bietet Radballtraining an.

Rad-Rennsport

Klassischen Rennsport haben u. a. der Radsportverein Phönix, RC Pfeil und die RSG im Programm.

Probetraining auf der Radrennbahn

Im Umkreis von über 500 km ist die Radrennbahn Augsburg, Eisackstr. 14 a, die einzige Möglichkeit, auch bei ungünstiger Witterung sportlich mit dem Rennrad zu fahren. Aktive Sportler und Hobbyfahrer nutzen diese Möglichkeit. Bei Interesse kann man unverbindlich zum Probetraining vorbeikommen.

Räder können geliehen werden. Mehr Infos beim Radteam der RSG oder unter www.radrennbahn-augsburg.de.

Mountainbiking
Training
Der E-Racers e. V. (Jugend) und die RSG (Jugend und Erwachsene) trainieren MTB-Rennsport in Augsburg.

Mountainbike-Treffs
Der Deutsche Alpenverein Sektion Augsburg bietet einen Bike-Treff an, bei dem jede Woche bis zu 15 Radler in den „Westlichen Wäldern" unterwegs sind.

Die Abteilung MTB-Touren vom RC Pfeil Augsburg trifft sich regelmäßig beim Biergarten in Wellenburg.

Radwandern
Ein- und mehrtägige Fahrradtouren bieten u. a. der ADFC Augsburg, Radfahrerverein Wandere, die Radsportfreunde Augsburg, die Städtische Sportgemeinschaft Augsburg (Familienradfahren) und der Veloclub Lechhausen an.

Tourenvorschläge
Radtourenvorschläge mit dem Rennrad oder Mountainbike zum Nachfahren bietet der RC Pfeil auf seiner Website an unter www.rcpfeil.info.

Weitere Quellen
Der ADFC Augsburg bietet auf seiner Regionalkarte „Augsburg und Umgebung" viele Tourenvorschläge an.
➜ Strecken und Karten, S. 35 ff.

Der Prospekt „Neue Radler-Lust – Die schönsten Fahrrad-Touren in der Region Augsburg" von der Regio Augsburg kann unter www.augsburg-tourismus.de kostenlos bestellt werden.

Das Bayerische Staatsministerium für Wirtschaft, Infrastruktur, Verkehr und Technologie bietet unter www.bayern-info.de die kostenlose Karte „Bayernnetz für Radler" zum Bestellen an.

Einradfahren

Checkliste
* Mindestalter: ca. 5 Jahre (Fahrradfahren sollte man schon können)
* Einrad; Fahrradhelm und Handschuhe sind empfehlenswert
* Training: Koordination und Gleichgewichtssinn

Ansprechpartner
Ingo Hoffmann, Tel. 0821-5 89 51 06

EINRADFAHREN IM VEREIN
Vollständige Adressen ➜ S. 130 ff.
DJK Augsburg-Hochzoll
TSV 1847 Schwaben Augsburg
Waldorfschule Augsburg

Einradkauftipp
Günstige und professionelle Einräder gibt es bei „Kaskaderos", Jonglieren – Feuer – Magie – Einrad, Neidhardtstr. 7, 86159 Augsburg.

Szene-Info
Aktuelle Veranstaltungstermine und Tipps und Tricks rund ums Einrad gibt es beim Bayerischen Einradverband unter www.einradverband-bayern.de.

Über Stock und Stein, Berg und Tal

Sportklettern (Indoor) → S. 92 f. Augsburg bietet wegen seiner Nähe zu den Alpen auch für Bergsteiger und Wanderer interessante Angebote. Eine Hütte in den Lechtaler Alpen trägt sogar den Stadtnamen.

Checkliste
- für viele Bergtouren muss man schwindelfrei sein
- Ausrüstung: Wander- bzw. Bergschuhe und ggf. Spezialkleidung sowie Kletterausrüstung (kann häufig geliehen werden)
- Ausdauertraining mit Naturerlebnis und Selbsterfahrung

Bergsteigen

Die Bergsteigerabteilung des DAV bietet ein umfangreiches Programm für Bergsportler an: Alpin-, Bergwander-, Eis-, Kletterkurse, Schneeschuhwandern, Fahrten zu individuellen Gipfelzielen, Tageswanderungen u. v. m. Material kann teilweise ausgeliehen werden.

Ansprechpartner
Deutscher Alpenverein (DAV), Sektion Augsburg, Tel. 0821/51 67 80, www.alpenverein-augsburg.de. Öffnungszeiten: Mo u. Do 16 bis 19 Uhr, Mi u. Fr 9 bis 13 Uhr.

Vor der Augsburger Hütte auf 2.298 m

WANDERN – VEREINE Adressen und Details → S. 130 ff.
Deutscher Alpenverein Sektion Augsburg
DJK Augsburg-Lechhausen 1920
DJK Augsburg-Nord
Fußball-Club Haunstetten
NaturFreunde Augsburg, Göggingen, Haunstetten und Lechhausen
TSG Augsburg-Hochzoll 1889
TSV Haunstetten 1892
TSV Inningen
TV Augsburg 1847

Bergsteigen und Wandern
Generation 50+
Gemeinsame Ausflüge, Tageswanderungen, Diavorführungen von gemeinschaftlichen Unternehmungen und mehr bietet die Seniorenabteilung des DAV an. Tipp: bei der Monatsversammlung werden die neuesten Informationen über die Aktivitäten bekannt gegeben.

Kids und Jugend

Wer mit anderen Kindern und Jugendlichen seine Freizeit verbringen möchte und auch Lust auf Klettern, Snowboarden, Skifahren etc. hat, der ist bei der Jugendabteilung des DAV richtig. Insgesamt bestehen neun Gruppen, aufgeteilt nach Alter und Interessen.
www.jdav-augsburg.de

Familien

Die Familiengruppe des DAV bietet Outdooraktivitäten für Familien an, z. B. Familienwochenenden.

NaturFreunde

Die Freizeit- und Kulturorganisation „NaturFreunde" bietet Wander- und Radwandertouren in Schwaben und Bergtouren in den Alpen an. Die Wanderungen sind familienfreundlich und die Bergwanderungen gibt es in verschiedenen Schwierigkeitsgraden.

Eine nahe gelegene Ortsgruppe findet man über die Website des Bezirks Schwaben unter
www.naturfreunde-schwaben.de ➜ Ortsgruppen.

Naturnah mit der ganzen Familie

Ganz nah: Naturpark Westliche Wälder

Wandern

Warum in die Ferne schweifen? Das Augsburger und Wittelsbacher Land bieten viele sehenswerte Wege.

Themenwanderwege

Der Tourismusverband Allgäu/Bayerisch-Schwaben bietet unter www. bayerisch-schwaben.info ➜ Sport & Freizeit ➜ Wandern & Nordic Walking verschiede (Themen-)Wanderwege an.

Wandern im Wittelsbacher Land

Wegbeschreibungen und Infos über das Wittelsbacher Land gibt es unter www. wittelsbacherland.de.

Volkshochschule Augsburg

Die VHS Augsburg bietet u. a. Ganztags- und Heidewanderungen an. Tel. 0821/50 26 50, www.vhs-augsburg.de

Infos der Regio Augsburg

Die Regio Augsburg bietet unter www. augsburg-tourismus.de ➜ Erlebnis ➜ Wandern neben Infos auch kostenlose Prospekte an, z. B. „Die Sisi-Tour – Wanderungen und Fahrten zu den Wurzeln der Wittelsbacher".

easy living/KAROCARD-Partner

Folgende Bergbahnen bieten Ermäßigungen für Besitzer dieser Kundenkarten an:

- Alpspitzbahn, Nesselwang
- Fellhornbahn, Oberstdorf
- Jennerbahn, Schönau am Königssee
- Laber-Bergbahn, Oberammergau
- Nebelhornbahn, Oberstdorf
- Wendelsteinbahn, Brannenburg

Erst der „Knicks", dann die Arthrose:
Das Sprunggelenk nicht mit den Füßen treten

Eine Unachtsamkeit, ein falscher Schritt, schon ist es passiert: das Umknicken im Knöchelgelenk. Ein unebener Boden, Treppenstufen oder Bordsteinkanten sind fast nicht zu vermeidende, alltägliche Stolperfallen, Ballsportarten, Tanzen oder das Joggen „beliebte" Ursachen in der Freizeit. Auch wenn der versehentliche „Knicks" zumeist folgenlos bleibt, bagatellisiert werden sollte er nicht.

Sprunggelenk pfleglich behandeln
Oft sind Minitraumen Auslöser für Verschleißerscheinungen im Sprunggelenk. „Daraus können sich später Arthrosen mit massiver Bewegungseinschränkung entwickeln", weiß der Orthopäde und Fußchirurg Dr. Manfred Thomas zu berichten. Für den begeisterten Freizeitsportler steht fest: Das Sprunggelenk ist eine High-Tech-Konstruktion, die höchst komplexe Anforderungen erfüllen muss und deshalb entsprechend pfleglich behandelt werden sollte. Einerseits soll die Verbindung zwischen Bein und Fuß möglichst beweglich sein, andererseits soll das Gelenk als stabiles Fundament das Körpergewicht beim Gehen, Springen und Laufen gleichmäßig aufnehmen und verteilen.

Kein leichter Job, denn schon beim gemütlichen Gehen lastet das Zwei- bis Dreifache des Körpergewichts auf dem Gelenk. „Bereits minimale Achsfehlstellungen, wie sie die Folge von Verletzungen sein können oder auch einer schlechten Lauftechnik, können zu Überlastungsschäden führen", warnt Dr. Thomas.

Wie man sich „bettet", so geht man
Damit das Sprunggelenk vor allem beim Sport nicht unnötig „mit den Füßen getreten" wird, rät der Orthopäde dazu, Schuhe mit einem guten Fußbett zu tragen. Bis auf wenige Ausnahmen sind (Lauf-)Schuhe bei allen Sportarten von essenzieller Bedeutung. Um Überlastungsschäden – etwa Wadenverhärtung, Muskel- und Rückenbeschwerden, Knie- und Hüftgelenkschmerzen – vorzubeugen, sollte ein Laufschuh unbedingt stoßdämpfend, stützend und führend wirken. Hilfreich kann auch eine Laufbandanalyse sein. Dabei werden bei einem Test auf dem Laufband Beine und Füße mit einer Kamera genau beobachtet und Fußfehlstellungen erkannt.

Weitere Informationen unter:
Hessingpark-Clinic GmbH
Hessingstr. 17, 86199 Augsburg
Tel. 0821/909-90 00, Fax -90 01
contact@hessingpark-clinic.de
www.hessingpark-clinic.de

Foto: TK

Lauftreffs, städtische Laufwege, Vereine und Einsteigertipps

Joggen ist eine der beliebtesten und effektivsten Alltagssportarten, weil es Herz und Kreislauf kräftigt, Übergewicht verhindert und Spaß macht. Das Joggen ist eine verlangsamte Form des Dauerlaufs – der Läufer sollte sich noch unterhalten können.

Checkliste
- keine speziellen Fertigkeiten notwendig
- Ausrüstung: gute Laufschuhe, Beratung durch Fachpersonal beim Kauf
- Ausdauertraining, das Stress abbaut und positiv stimmt

Ansprechpartner
Bayerischer Leichtathletikverband, Bezirk Schwaben, Laufwart Dieter Claus, Tel. 08203/53 22, dietrich.claus@t-online.de, www.blv-schwaben.de

Termine und Infos im Internet
Eine gute Anlaufstelle für Läufer ist die Website www.tgva.de der TG Viktoria Augsburg. Hier gibt es eine Übersicht über Veranstaltungen, Strecken und Termine zum Thema Laufen. Weitere empfehlenswerte Quellen: www.laufen-in-augsburg.de (Laufportal), www.laufende-reporter.de (Laufberichte, Bilder) und www.lxt.de/forum (Läuferforum)

LAUFEN IM VEREIN
Adressen und Details ➜ S. 130 ff.
DJK Pfersee
ESV Augsburg
MBB-SG Augsburg
Post SV Telekom Augsburg
RC Pfeil Augsburg
TG Viktoria Augsburg 1897
TSG Augsburg 1885
TSV 1847 Schwaben Augsburg
TSV Göggingen 1875
TSV Haunstetten 1892
TSV Inningen
TV Augsburg 1847

Tipp **Geschäftsleute und Touristen**
LaufKultTour bietet frühmorgens oder abends individuell begleitete Runningtouren an, z. B. in der City, entlang der Wertach oder im Siebentischwald. So kann man Augsburg beim „Personal Run" auf eine sportliche Art kennenlernen. Mehr über die Laufangebote unter Tel. 0821/99 88 009 oder www.laufkulttour.de.

Kurse und Seminare
Joggen kann eigentlich jeder, aber es werden oft vermeidbare Fehler gemacht. Mittlerweile stehen vielerorts Kurse oder Seminare auf dem Programm, die in Theorie und Praxis erklären, wie man richtig trainiert und was alles zu beachten ist.

Laufbandtraining
Alternative Indoor: In vielen Fitnessstudios kann man auf Laufbändern trainieren. ➜ Fitnessstudios, S. 74 f.

Augsburger Laufschule – Laufen lernen mit der TG Viktoria
Die Augsburger Laufschule der TG Viktoria bietet Kurse sowohl für Jogginganfänger als auch routinierte Hobbyläufer. Über mehrere Wochen werden die Gruppen mit maximal 18 Teilnehmern betreut. Die Theorie findet im Vereinsheim an der Sportanlage Süd

Regelmäßiges Joggen ist ein ideales Herz-Kreislauf-Training.

statt. Für die Praxis liegen der Max-Gutmann-Laufpfad, das Ernst-Lehner-Stadion und der Siebentischwald direkt vor der Tür. Infos über die Seminare erhält man unter www.tgva.de oder Tel. 0821/3 49 79 53 (Runner's Shop).

Sogar im tiefsten Winter sind die Seminare der Augsburger Laufschule gut besucht

Volkshochschule Augsburg
Die VHS Augsburg bietet ebenfalls Kurse für Läufer, Jogger und Nordic Walker an, z. B. Joggen für Anfänger. Tel. 0821/50 26 50, www.vhs-augsburg.de

Lauftreffs in Augsburg
Im Alleingang fällt vielen Menschen der Anfang schwer. Andere, die mit dem Joggen bereits begonnen haben, machen häufig Fehler. Sogenannte Lauftreffs stehen für ein wohldosiertes Programm mit Rat und Tat zur Seite. Anfängern und Fortgeschrittenen jeden Alters wird dort ein angeleitetes Training in mehreren Leistungsgruppen angeboten.

Lauftreff des TSV Haunstetten
Mittwochs um 18.30 Uhr am Haunstetter Wald (Kleingartenweg).

Lauftreff Augsburg
Mittwochs um 18.30 Uhr (während der Winterzeit: 18 Uhr), samstags und sonntags jeweils um 8 Uhr an der Sportanlage Süd (Ilsungstr.).

Lauftreff des TV Augsburg
Freitags um 17 Uhr an der TVA-Sport-halle beim Rosenaustadion (Gabelsber-gerstr.).

Lauftreff des TSV Inningen
Freitags um 18 Uhr bei der Inninger Wer-tachbrücke nähe Reinekeweg (Sommer-zeit) bzw. vor dem TSV-Fitness-Eck in der Oktavianstr. (Winterzeit).

Veranstaltungen
Perlachturm-Lauf
Die TG Viktoria organisiert viele sehr bekannte Events in Augsburg, z. B. die Straßenläufe im Siebentischwald, den Perlachturm-Lauf, den Rückwärtslauf und die Winterlaufserie. www.tgva.de

SportScheck-Stadtlauf
Für alle Hobby- wie auch Leistungs-sportler veranstaltet SportScheck und die Sportagentur Katja Mayer jährlich (Mai/Juni) einen Stadtlauf. Es gibt meh-rere Streckenlängen sowie ein Starter-feld in Walking/Nordic Walking. www.sportscheck.com

Hessingpark-Clinic Triathlon Festival
Wer neben Laufen noch Schwimmen und Radfahren liebt, sollte sich dieses Event am Kuhsee nicht entgehen las-sen. www.km-sportagentur.de

AOK-Training
AOK-Versicherte können unter www.aok.de/laufend-in-form kostenlos an einem Ausdauerprogramm teilnehmen, das persönliche Jogging- und Nordic-Walking-Trainingspläne beinhaltet.

Streckenmessung
Tipp **mit der Stadtplan-CD**
Mit dem amtlichen Stadtplan Augsburg auf CD-ROM kann man ein-fach und genau die Länge der eigenen Übungsstrecken am PC ermitteln. Mehr dazu bei den Literaturempfehlungen am Ende dieses Buchs!

Perlachturm-Lauf

Start zum Triathlon Festival am Kuhsee

AOK. Wir tun mehr.

**„Schuhe an. Und los geht's!
So einfach ist das."**

Sie haben Ihr persönliches Fitness-Ziel – wir zeigen Ihnen, wie Sie es
spielend erreichen. Gemeinsam mit dem Fitness-Experten und früheren
Weltklasseläufer Herbert Steffny entwickeln wir Ihren individuellen
Trainingsplan für die Ausdauersportarten Laufen und Walking. Sie erhalten Ihr maßgeschneidertes Dialog-Programm per E-Mail und SMS –
exklusiv für AOK-Versicherte. Starten Sie mit dem **AOK-Online-Fitness-
Programm „Laufend in Form":** www.aok.de/laufend-in-form

Treffpunkte, Ausrüstung und Einsteigertipps

Streckenvorschläge ➜ S. 12 ff.
Beim Nordic Walking handelt es sich um dynamisches Gehen mit speziell entwickelten Stöcken. Ursprung dieser Sportart ist das Sommertraining von Langläufern. Schon bei niedrigem Tempo verbessert man mit Nordic Walking die eigene Fitness.

Checkliste
• Ausrüstung: Sportkleidung, Nordic-Walking-Stöcke und Laufschuhe
• für Knochen und Gelenke schonendes, effizientes Ganzkörpertraining
• Kondition, Herz-Kreislauf- und Immunsystem werden gestärkt

Foto: Deuter / Manfred Kutzner

Nordic-Walking-Kurse
AOK-Angebote
Die AOK Augsburg veröffentlicht unter www.aok-augsburg.de ➜ Gesundheitskurse ein umfangreiches Kursangebot. Und unter www.aok.de/laufend-in-form können AOK-Versicherte kostenlos an einem Ausdauerprogramm teilnehmen.

Kommerzielle Anbieter (Auszug)
Nachfolgend eine Übersicht über Schulen, Trainer und Fitnesscenter aus dem Stadtgebiet Augsburg, mit Nordic-Walking-Angeboten:

• Diva Wellfit Club für Frauen, www.divafitness.de
• Fitness Company, www.fitcom.de
• Gesundheitszentrum ProVita, www.gesundheitszentrum-provita.de
• Injoy 30 plus, Tel. 0821/5 89 30 30
• INJOYmed Augsburg, www.injoymed-augsburg.de
• Lady Fitness, www.ladyfitness-augsburg.de
• Nordic-Sports Heinz Estermann, Tel. 0821/99 19 00, www.nordic-sports-und-mehr.com
• Profitraining mit Lisa Micheler-Jones, Tel. 0821/2 62 11 65
• VHS Augsburg, www.vhs-augsburg.de

Volkshochschule Augsburg
Die VHS Augsburg bietet Nordic-Walking- und Nordic-Blading-Kurse an. Mehr Infos unter Tel. 0821/5 02 65-0 oder www.vhs-augsburg.de.

NORDIC WALKING – VEREINE
Adressen und Details ➜ S. 130 ff.
Deutscher Alpenverein Sektion Augsburg
Kneipp-Verein Augsburg
SG Römerfeld Augsburg
Sportverein Bergheim
TSG Augsburg-Hochzoll 1889
TSV Göggingen 1875
TSV Haunstetten 1892
TSV 1847 Schwaben-Augsburg
TSV Inningen

Walking-Treffs

Da sich die Termine der Nordic-Walking-Treffs ändern können, bitte bei den Vereinen nach aktuellen Zeiten erkundigen.

Die AZ veröffentlicht unter www.augsburger-allgemeine.de ➜ Veranstaltungen ➜ Veranstaltungsdatenbank sowie in der gedruckten Ausgabe unter der Rubrik „Wohin heute?" aktuelle Lauftreff-Termine.

Die speziellen Stöcke schwingen bei jeder Armbewegung neben dem Körper.

A-Süd – Deutscher Alpenverein
Mittwochs vor der Kletterhalle Sportanlage Süd: Tempo ist moderat, die Technik wird gezeigt, jeder kann mitmachen, alle drei Wochen auch in Wellenburg; weitere Infos beim DAV unter www.alpenverein-augsburg.de.

A-Süd – Kneipp-Verein Augsburg
Donnerstags um 18.30/13.30 Uhr (Sommer/Winter) am Parkplatz der Sportanlage Süd: 6–8 km; mehr Infos bei Dr. Hans-Henning Borchers, Tel. 0821/3 82 67.

A-Süd – Lauftreff Sportanlage Süd
Samstags und sonntags um 8 Uhr (ganzjährig) am Parkplatz Sportanlage Süd; Infos unter www.lauftreff-augsburg.de oder bei Anton Funk, Tel. 0821/66 35 85.

A-Süd – TSV Haunstetten
Mittwochs um 18.30 Uhr am Haunstetter Wald (Kleingartenweg).

Laufwege im Internet

Der Tourismusverband Allgäu/Bayerisch-Schwaben e. V. bietet unter www.bayerisch-schwaben.info ➜ Sport & Freizeit ➜ Wandern & Nordic Walking verschiede (Themen-)Wanderwege an.

Golfclubs und -plätze
in und um Augsburg

In der Region Augsburg hat Golfstar Bernhard Langer das Golfen gelernt: beim Golfclub Augsburg in Burgwalden. Der Golfsport legt seinen elitären Ruf langsam ab, auch immer mehr junge Menschen greifen zum Golfschläger. Das Angebot erlaubt gezieltes Einzeltraining genauso wie geselligen sportlichen Zeitvertreib.

Checkliste
- keine speziellen Fertigkeiten erforderlich
- umfangreiche Ausrüstung notwendig: Schläger, Tasche, Golfschuhe, Golfbälle (kann bei Schnupperkursen geliehen werden)
- Ausdauer- und Konzentrationstraining mit viel Naturerlebnis (ein Spiel über 18 Löcher dauert 3–4 Stunden)

Einstieg in den Golfsport
Am besten probiert man den Golfsport bei einem Schnupperkurs oder auf der Driving Range (Übungsgelände) aus. Anschließend kann man einen Platzreifekurs (Spielerlaubnis für den Heimatclub) absolvieren. Gegen eine Greenfee (Tagesspielgebühr) darf man als Clubmitglied auch auf anderen Golfplätzen spielen. Allerdings setzen die meisten Plätze ein Mindest-Handicap (bestimmtes Spielniveau) voraus.

Foto: Golf Range Augsburg

GolfRange Augsburg

Ansprechpartner
Bayerischer Golfverband e. V., Regionalbeauftragter, Othar Grunwald, Tel. 0821/720 990, www.bayerischergolfverband.de.

Golfclubs in und um Augsburg
Tipp für Anfänger: GolfRange Augsburg 9-Loch-Golfplatz, Driving Range mit 80 Abschlagplätzen; Lindauer Str. 56, Augsburg, Tel. 0821/9 06 50-0, www.golfrange.de

bagutif@photocase.com

Golfclub Gersthofen (GCG)
Putting Green, Pitching- und Chiping-zone mit Bunkern, Driving Range mit 25 Abschlägen (Mi–Sa), 6-Loch-Kurzplatz (So–Di); Unterer Auweg 6, 86169 Augsburg, Tel. 0821/2 41 37 99 (GolfRange), www.golfclub-gersthofen.de

Golfclub Lechfeld
9-Loch-Golfplatz, Driving Range mit Abschlagsüberdachung; Föllstr. 32a, Königsbrunn, Tel. 08231/3 26 37, www.gclechfeld.de

Golfclub Königsbrunn
9-Loch-Golfplatz, Driving Range, Öffentlicher Golfplatz Königsbrunn Süd, Benzstr. 23, Königsbrunn, Tel. 08231/3 27 72, www.gc-koenigsbrunn.de

Golfclub Leitershofen
9-Loch Golfplatz, 20 Rangeabschläge (3 überdacht), Deuringer Str. 20, Stadtbergen, Tel. 0821/43 72 42, www.golf.de/leitershofen

Tipp für Fortgeschrittene:
Golfclub Augsburg
18-Loch-Golfplatz, 6-Loch-Kurzspielplatz, Driving Range, Putting Green, Engelshofer Str. 2, Bobingen-Burgwalden, Tel. 08234/56 21, www.golfclub-augsburg.de

Golfturniere und -plätze entlang der Romantischen Straße
18 Golfplätze gibt es in der Region um Augsburg. Kennenlernen kann man diese u. a. jährlich beim „Golfpokal Romantische Straße". Infos unter www.golf-romantisch.de.

Kids und Jugend
Ansprechpartner
Bayerischer Golfverband e. V., Jugendwartin Schwaben, Karola Lutz, Tel. 08231/8 77 35, HUK.Lutz@t-online.de.

Jugendturniere und -camps
Der Bayerische Golfverband veröffentlicht auf seiner Homepage unter www.bayerischergolfverband.de ➜ Nachwuchs ➜ Jugendturniere die offenen Jugendturniere der Golfclubs in Bayern. Dort sind auch Links zu Jugendcamps für Kinder und Jugendliche zu finden.

Jugendtraining und Jugendmannschaften bieten alle Vereine

Foto: GC Augsburg

Ferienprogramm Tschamp
Unter www.tschamp.de ➔ Angebote ➔
Sport findet man das Ferienprogramm
Tschamp der Stadt Augsburg mit An-
geboten speziell für Jugendliche (z. B.
Golf-Feriencamp).

Für jedermann: Einstieg in den Golfsport auf
einer Driving Range

Gute Golfer können beim Golfclub
Augsburg auf hohem Niveau trainieren.
Der Verein hat folgende Mannschaften
mit unterschiedlicher Spielstärke: Jung-
seniorinnen, Jungsenioren, 1. Senioren,
2. Senioren.

Die Jungseniorinnen-Mannschaft des
GC Augsburg

Generation 50+
Feste Spieltage und Mannschaften für
Damen, Herren und Senioren bieten
alle Clubs. Zwei Clubs als erste Anlauf-
stellen:

Die Gruppe „Seniorinnen und Senioren"
im Golfclub Lechfeld besteht aus ca. 30
Damen und Herren, welche sich in der
Zeit von April bis Ende Oktober jeden
Dienstag ab 10 Uhr vor dem Clubhaus
zu einer erfrischenden Runde Golf ein-
finden.

easy living/KAROCARD-Vorteile
Ermäßigungen bieten:
- Golfclub GolfRange Augsburg, u. a.:
  15 % auf Platzreifekurs
- Golfclub Gersthofen, u. a.:
  20 % auf Golfeinsteigerkurs
  10 % auf Platzreifekurs

Links
Aktuelle Golfnachrichten, Hintergrund-
infos und ausführliches Golfplatz-Ver-
zeichnis: Deutscher Golf Verband e.V.,
www.golf.de

Nicht nur vor dem nächsten Abschlag:
Wirbelsäulencheck für einen starken Rücken

Golfen ist zwar eine eher verletzungsarme Sportart, doch führen spezifische Belastungen häufig zur Überlastung mit schmerzhaften Bewegungseinschränkungen. Für Dr. Karsten Wiechert, Orthopäde und Wirbelsäulenspezialist an der Augsburger Hessingpark-Clinic, steht fest: „Verschleißbedingte Veränderungen an Wirbelsäule und Rücken können den Alltag nicht nur für Golfspieler zur Qual machen." Mediziner und Sportphysiotherapeuten sind sich darin einig, dass durch eine gut trainierte Muskulatur Überlastungsschäden weitgehend vermieden und Rückenprobleme deutlich gemindert werden können. Deshalb – so raten die Experten – sollte die regelmäßige Kontrolle von Wirbelsäule und Rückenmuskulatur so selbstverständlich sein wie das Aufwärmen vor dem nächsten Abschlag.

Wirbelsäulencheck:
„TÜV" für den Rücken

Zusammen mit seinem Kollegen Dr. Felix C. Hohmann hat sich Dr. Wiechert auf Diagnostik und Therapie von Wirbelsäulenerkrankungen spezialisiert. Als fast „typisch" erleben es die beiden immer wieder, dass Rückenpatienten einen regelrechten Untersuchungsmarathon absolvieren. Dabei könnte die Zeit doch angenehmer auf dem Golfplatz verbracht werden. Um diesen Weg zu verkürzen, bietet die Hessingpark-Clinic den „Wirbelsäulencheck".

Damit werden die Ursachen für Rücken- und Nackenschmerzen interdisziplinär unter einem Dach innerhalb weniger Stunden abgeklärt. Eine ausführliche Untersuchung und Beratung durch die Ärzte des Wirbelsäulenteams steht am Beginn des Checks. Anschließend erfolgt in der Abteilung für Training, Prävention und Rehabilitation die gezielte physiotherapeutische und sportwissenschaftliche Untersuchung der Wirbelsäulen- und Rumpfmuskulatur. Optional wird dann eine Kernspintomografie von Hals-, Brust- und/oder Lendenwirbelsäule durchgeführt. Eine individuelle Beratung gemeinsam durch Wirbelsäulenorthopäden, Radiologen und Physiotherapeuten mit Therapie- und Trainingsempfehlungen sowie eine ausführliche schriftliche Dokumentation aller Untersuchungsbefunde stehen am Ende des Wirbelsäulenchecks an der Hessingpark-Clinic.

Weitere Informationen unter:
Hessingpark-Clinic GmbH
Hessingstr. 17
86199 Augsburg
Tel. 0821/909-90 00, Fax -90 01
contact@hessingpark-clinic.de
www.hessingpark-clinic.de

Spaß, Erholung, Fitness und Abschalten vom Alltag

Der älteste Verein Augsburgs und einer der ältesten Vereine in Deutschland, der Königlich Privilegierte Schützenverein Augsburg, wurde 1430 gegründet und kommt aus dem Schießsport. Dieser Sport wird unterteilt in Luftdruck (10 Meter) und scharfe (Kugel-)Waffen (Pistole 25 Meter und Gewehr 50 Meter).

Checkliste

• Mindestalter: 12 Jahre (Jugendliche unter 18 Jahren benötigen eine Einverständniserklärung der Eltern)
• Verletzungsrisiko: gering (Schießstände unterliegen einer ständigen Aufsicht)
• Ausrüstung: Vereinsmitglieder können mit ihren eigenen, oder mit den Sportgeräten ihres Vereins üben
• Training: Körperbeherrschung und Konzentration

Ansprechpartner

Bayerischer Sportschützenbund,
Schützengau Augsburg,
1. Gauschützenmeister Werner Gintzel,
Arthur-Piechler-Str. 26, Augsburg,
Tel. 0821/56 18 44,
www.bssb.de/gau-augsburg

SCHIESSSPORT IM VEREIN
Adressen und Details ➔ S. 130 ff.
DJK Augsburg-Hochzoll*
Eisenbahner SV Augsburg – Gewehr*
Feuerschützengesellschaft Ziegelstadel Augsburg
Kgl. Priv. Schützenverein Augsburg*
Schützengesellschaft Fortuna 1970 Augsburg
Schützenverein „Edelweiß" Göggingen
Schützenverein „Lechau" Siebenbrunn e.V.
Schützenverein Altstadt Augsburg
Sportschützenverein APC Augsburger Pistolen Club
Thomas-Schützen Haunstetten
TSG 1885 Augsburg*
Vereinigte Schützenges. Haunstetten
* Schützenheim mit 50m vorhanden

Die oben genannten Vereine bieten eine vereinseigene Schießstätte und auch eine reichhaltige Palette an Disziplinen an. Wer Interesse am Hobby oder Leistungssport Schießen hat, schaut bei einem Übungs- oder Vereinsabend vorbei (Öffnungszeiten Vereinsheim telefonisch erfragen).

Frauen

Auch Frauen finden beim Schießen Spaß, Erholung, Fitness und Abschalten vom Alltag mit Gleichgesinnten.

Ansprechpartner

Bayerischer Sportschützenbund, Sportschützengau Augsburg, Gaudamenleiterin Roswitha Ruißing, Tel. 08231/3 22 93.

Da alle Vereine Frauen trainieren, hier ein paar Tipps für den Start:

Luftpistole – Damen

Schützenverein Altstadt Augsburg, 86159 Augsburg, Gasthaus „Schießstätte", Stadionstr. 5

Luftgewehr – Damen

DJK Augsburg-Hochzoll, Kgl. Priv. Schützenverein Augsburg, Thomas-Schützen Haunstetten, Schützenverein „Lechau" Siebenbrunn

Foto: SV Altstadt Augsburg

Jung und Alt sowie auch Rollstuhlfahrer können den Schießsport ausüben

Schützenjugend

Im Bereich der Jugend bietet jeder Verein Sport und Spaß für Kinder und Jugendliche. Eine erste Adresse ist die DJK Augsburg-Hochzoll, die sich in dieser Altersgruppe stark engagiert.

finngabit@photocase.com

Ferienprogramm Tschamp

Unter www.tschamp.de ➜ Angebote ➜ Sport findet man das Ferienprogramm Tschamp der Stadt Augsburg mit Angeboten speziell für Jugendliche (z. B. Sportschießen oder Bogenschießen).

Gehandicapte

Rollstuhlfahrer finden u. a. beim SV Altstadt Augsburg geeignete Trainingsmöglichkeiten. Dort trainieren auch mehrere Versehrte.

Bogenschießen

Da beim Bogenschießen unter Spannung gezielt wird, ist Konzentration sehr wichtig.

BOGENSPORT IM VEREIN
Adressen und Details ➜ S. 130 ff.

Bogenschützen-Club Augsburg

Bogensportfreunde Augsburg

DJK Augsburg-Hochzoll

FSV Inningen

Historische Bogenschützen Gau Augsburg

Einsteiger-Tipps Der Bogenschützen-Club Augsburg ist der größte Verein in Augsburg und bietet sowohl Scheiben- als auch Feldbogentraining an. Mehr Infos findet man unter www.bsc-augsburg.net.

Die VHS Augsburg bietet für Erwachsene den Kurs „Bogenschießen in der Halle" an. www.vhs-augsburg.de

Internet-Tipp Unter www.bogenfax.de ➜ Verschiedenes ➜ Buchtip kann man sich ein PDF des Buchs „Mit Pfeil und Bogen" von Fridel Krapf zum Hineinschnuppern herunterladen.

Automobil, Motorrad und Gokart

Checkliste
• Mindestalter: 4 Jahre (Gokart)
• Verletzungsrisiko: unterschiedlich (Selbsteinschätzung wichtig)
• Training: Körperbeherrschung, Koordination und Schnelligkeit

----

Ansprechpartner
• Bayerischer Motorsport-Verband (BMV), www.motorsport-bayern.de.
• ADAC Südbayern, Ortsclub, Jugend und Sport, Ridlerstr. 35, 80339 München
• ADAC Geschäftsstelle Augsburg, Fuggerstr. 11, 86150 Augsburg, Tel. 0821/50 28 80 oder 01805/10 11 12, www.adac.de

MOTORSPORTVEREINE IN AUGSBURG
Adressen und Details ➔ S. 130 ff.

American Car Friends Augsburg

Augsburger Automobil-Sport-Club

Automobil- und Motorsport-Club Haunstetten im ADAC (AMCH)

Automobil-Club Augsburg

Automobil-Club Göggingen

Motorsport-Abteilung-Augsburg

Motorsport-Club Augsburg (MCA)

Polizei-Motorradsport-Club Augsburg

Automobil
Slalomsport
Die Aktivitäten der Sportfahrer des Augsburger Automobil-Sport-Clubs (ASC) konzentrieren sich weitgehend auf den Slalomsport, obwohl der ASC auch am Berg, auf der Rundstrecke und bei Kartrennen vertreten ist. www.augsburger-asc.de.vu

Oldtimer
Die Motorsport-Abteilung-Augsburg veranstaltet regelmäßig Oldtimerfahrten, wie die Augsburger Oldtimerrallye „Zirbelnussfahrt". Im

Vordergrund steht der Spaß, dabei sind Oldtimer sowie Exoten und Cabrios. www.oldtimerveranstaltungen.com

Der ASC bietet ebenfalls ein Programm für „Historic-Fahrer" an, z. B. ein Gleichmäßigkeitstraining, Orientierungsfahrten und Touristikveranstaltungen.

US-Car Treffen
Die American Car Friends Augsburg (ACFA) sind ein US-Car-Club in Bayern, der bei der Werterhaltung dieser Autos behilflich ist, gemeinsame Ausfahrten plant und US-Car-Treffen veranstaltet. www.acfaugsburg.com

Fahrsicherheitstraining
Vom Anfänger bis zum Profi bietet das ADAC Fahrsicherheitszentrum Augsburg Trainings für jedes Niveau an, u. a. Pkw-, Motorrad- und Offroad-Training. Mühlhauser Str. 54m, Tel. 01805/11 73 11, www.sicherheitstraining.net

Sportfahrertraining
Für Automobilsportler bietet Roland Tögel Racing verschiedene Fahr- und Sicherheitslehrgänge an. Tel. 08234/90 43 68, www.rtr-motorsport.de

Foto: ADAC

Motorrad
Motorradgruppe
Wer sich gerne auf zwei Rädern bewegt, findet Gleichgesinnte in der Motorradgruppe des Haunstetter Motor-Touristik-Clubs (HMTC). Dort ist von 500 ccm bis zu 1300 ccm alles vertreten. http://people.freenet.de/HMTC

Polizeibeamte
Motorradbegeisterte Polizeibeamte, deren Angehörige und Freunde findet man beim Polizei-Motorradsport-Club Augsburg, der jährlich auch die schwäbische Motorradmesse ausrichtet. www.pmc-augsburg.de

Bahnsport
Der AMC Haunstetten trainiert auf der Sandbahn mit Bahnmotorrädern. Infos unter www.amc-haunstetten.de.

Motorsportjugend
Bahnsport (Speedway)
Seit 1992 gibt es beim AMC Haunstetten auch eine Jugendgruppe (ab 4 Jahren). Training alle 14 Tage (Sa): Geschicklichkeit, Gleichgewicht, Anfahren, Bremsen etc. Wer will, kann Rennen fahren. Motorräder können geliehen werden. Infos zum Schnuppertraining bei Herrn Rothuber, Tel. 0821/70 61 47.

Jugendgruppe Sandbahnrennen beim AMC Haunstetten

Gokart
Für den geeigneten Einstieg in den Motorsport bietet der Haunstetter Motor-Touristik-Club Kindern und Jugendliche von 4 bis 18 Jahren eine Kartgruppe an.

easy living/KAROCARD-Partner
• ADAC Fahrsicherheitszentrum
  Augsburg
Details unter www.easy-living-online.de oder www.karocard.de

Gleiten, Hockey und Stunts auf Rollen

schumi_p@photocase.com

Strecken → S. 30 ff. Jeder Inlineskater schätzt das Gefühl, in Freiheit und im richtigen Rhythmus locker dahinzugleiten.

Checkliste
- Mindestalter: 4 Jahre (Bambini)
- Ausrüstung: Inlineskates, Schutzausrüstung (Helm, Schoner etc.)
- Training: Körperbeherrschung, Koordination und Schnelligkeit

----

Ansprechpartner
Bayerischer Rollsport- und Inline-Verband (BRIV), Tel. 089/15 70 22 90, www.briv-inlinehockey.de

Jungendmannschaften
Skater Union Augsburg, www.skater-union-augsburg.de; TV Augsburg, www.tva-skaterhockey.de

VEREINE FÜR SKATERHOCKEY Adressen und Details → S. 130 ff.
Skater Union Augsburg 1991
TSG 1885 Augsburg (TSG Augsburg Giants)
TV Augsburg 1847 e.V.
Hockey-Club Haunstetten (HC Haunstetten Penguins)

Inlineskaten
Skatekurse
Die VHS Augsburg bietet Inlineskate- und Nordic-Blading-Kurse an. Tel. 0821/50 26 50, www.vhs-augsburg.de

Ferienprogramm der Stadt
Unter www.tschamp.de → Angebote → Sport findet man das Ferienprogramm Tschamp mit Inlinerkursen für Anfänger und Fortgeschrittene.

Skate-Nights
Augsburgs Skate-Nights sind Familienveranstaltungen. Termine werden unter www.skate-night-augsburg.de bekannt gegeben. Tipp: häufig wird vor Beginn der Veranstaltung ein kostenloser Bremstechnik-Kurs angeboten.

Buch-Tipp Touren für Inlineskater findet man im Buch „Tourenatlas für Inline-Skater" von Michael Schaumberg (siehe Rubrik „Strecken und Karten").

Skaterhockey
Skaterhockey wird wie Eishockey körperbetont, aber mit einem Ball gespielt. Inlinehockey steht eher für ein körperloses Spiel mit einem Puck.

Stunt-Skaten
Das Light Team bietet Kurse in Minirampe und Halfpipe an. Tel. 0821/4 97 01 29, www.light-team.de

Skatemöglichkeiten
Der Stadtjugendring Augsburg bietet unter www.sjr-a.de → Jugendinformation → Freizeit die PDF-Broschüre „Skaten in Augsburg" mit Skateplätzen an. Beliebt ist auch die Weldenbahn, Startpunkt Neusäß bzw. Hammel (siehe Übersichtskarte am Buchanfang).

Dribbeln, Stoppen und Passen …

Eishockey ➜ S. 110
Mit dem Weltmeistertitel 2006 feiert der Hockeysport (draußen und in der Halle spielbar) in Deutschland einen weiteren großen Erfolg. Beim Hockey muss ein kleiner Ball mit einem Schläger ins gegnerische Tor befördert werden. Dribbeln, Stoppen und Passen sind die wesentlichen Elemente des Spiels.

Checkliste
- Mindestalter: 4–6 Jahre
- Ausrüstung: Hockeyschläger, Schienbeinschoner und Hockeyschuhe
- Koordination, Reaktionsvermögen und Ausdauer werden trainiert
- Körpereinsatz im Gegensatz zum Eishockey generell verboten

TSV 1847 Schwaben Augsburg e. V.
Im derzeit einzigen Verein im Augsburger Stadtgebiet wurde Hockey bereits 1924 gespielt. Die Herrenmannschaft spielt in der 1. Verbandsliga Südbayern.

Ansprechpartner
Holger Tinnesz, Tel. 0821/2 48 89 22, hockey_schwaben@gmx.de, www.hockey-schwaben.de

Kinder und Jugend
Kinder und deren Eltern sind jederzeit zu einem Schnuppertraining herzlich willkommen. Trainingsort und -zeit findet man unter www.tsv-schwaben-augsburg.de.

Elternhockey und Senioren
Die Freizeitmannschaft „Elternhockey" und die Seniorenmannschaft (ab 32 Jahren) freuen sich über Interessierte, die Hockey einmal ausprobieren möchten (Ort und Zeit siehe oben).

Weltmeister 2006 – die DVD „Der Weg zum Titel" ist beim DHB erhältlich

Ferienprogramm der Stadt
Das Ferienprogramm Tschamp hat auch Hockey-Schnuppertraining im Programm: www.tschamp.de ➜ Angebote ➜ Sport

Fans
Zuschauen und Spaß haben kann man bei den Punktspielen. Termine unter www.bayernhockey.de ➜ Ergebnisse ➜ Wer spielt wo? Der Eintritt ist frei!

Tipp für Studenten
Der Hochschulsport der Uni Augsburg betreibt auch eine Hockeymannschaft.

„Möglichst lange oben bleiben!"

Ansprechpartner

Luftsport Verband Bayern, Prinzregentenstr. 120, 81677 München, Tel. 089/45 50 32-0, www.lvbay.de

LUFTSPORTVEREINE IN AUGSBURG
Adressen und Details → S. 130 ff.

Augsburger Drachenflieger-Club

Augsburger Flieger-Club

Augsburger Verein für Segelflug

Freiballonverein Augsburg

MBB-SG Flugsportgruppe Augsburg

Segelfluggruppe Haunstetten

Segelflugzentrum Augsburg

Das Segelflugzentrum Augsburg ist eine Gemeinschaft aus fünf Vereinen im Süden des Augsburger Flughafens und ist eine gute Einführung ins Fliegenlernen: www.edma.de.

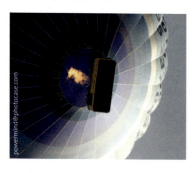

powermind@photocase.com

Ballonfahren

Seit über 100 Jahren wird in Augsburg Ballonsport betrieben, der aufgrund der ansässigen Ballonfabrik eine lange Tradition hat. 1931 startete hier Professor Auguste Piccard seinen Stratosphärenflug auf 15.781 Meter.

Freiballon

Beim Freiballonverein Augsburg kann man an der Faszination des Ballonfah-

rens teilnehmen und Augsburg von der Gondel aus sehen. Tel. 08141/21 0 25, www.freiballonvereinaugsburg.de

Ballonmuseum Gersthofen

Das weltweit einmalige Museum bietet jede Menge Interessantes zum Thema Ballonfahrt. Tel. 0821/24 91-506, www.ballonmuseum-gersthofen.de

Drachenfliegen

Der Augsburger Drachenflieger-Club unterhält südlich von Königsbrunn ein Schleppgelände. Interessierten bietet der Verein den problemlosen Einstieg in diesen Sport: Einen „Schnuppertag" zum Ausprobieren und schließlich die Ausbildung zum Drachenpiloten.

Fallschirmspringen

Leider gibt es in Augsburg keine Fallschirmspringerschule. Vereine in der Umgebung findet man beim Deutschen Fallschirmsport Verband, www.fallschirmsportverband.de, z. B. den Fallschirmsport-Club Schwaben, www.fsc-schwaben.de.

Ein Tipp besonders für easy living/KAROCARD-Inhaber: Skydive mit Chris bietet Fallschirmkurse und Tandemsprünge am Flughafen Günzburg an: www.skydive-chris.de.

Foto: skydive-chris.de

Foto: Luftsport Verband Bayern

Modellflug

Wer lieber am Boden bleibt, kann beim Modellflug-Club Augsburg ebenfalls Spaß am Fliegen haben: www.mfca.de. Termine findet man auch unter www.modellbau-koch.de ➜ Aktuell.

Raketenmodellflug

Die Ramog (Raketen-Modellsport-Gemeinschaft) ist einer der wenigen bundesweiten Raketenmodellflug-Vereine, der von Experimentalraketen über ferngesteuerte Raketengleiter bis hin zum Raketenmodellsport sehr viel anbietet. www.ramog.de

Segelfliegen

Einstieg, Mindestalter und Kosten
In Schnupperkursen kann man testen, ob man sich als Segelflieger eignet. Wer weiterhin Lust hat, kann dann in einem Verein die Ausbildung beginnen. Schulungsbeginn ist ab 14 Jahren möglich, Scheinerhalt mit 17 Jahren. Dank der ehrenamtlichen Tätigkeiten können die Kosten relativ niedrig gehalten werden: ca. 1.000 Euro/Jahr inkl. Flugunterricht.

Vereine (Adressen ➜ S. 130 ff.)
• Augsburger Verein für Segelflug
• MBB-Sportgemeinschaft Augsburg
• Segelfluggruppe Haunstetten

Motorfliegen

Einstieg, Mindestalter und Kosten
Wer Berufspilot werden möchte, kann seine Karriere mit der Ausbildung zum Privatpiloten beginnen. Mindestalter: 18 Jahre.

Vereine (Adressen ➜ S. 130 ff.)
• Augsburger Flieger-Club
• MBB-SG Flugsportgruppe Augsburg

Foto: Augsburger Flieger-Club

easy living/KAROCARD-Partner
• Ballonmuseum Gersthofen
• Ballonsportgruppe Sonnenbühl
• Bavaria Ballonfahrten GmbH
• Skydive mit Chris
Details unter www.easy-living-online.de oder www.karocard.de

Reitsport – auch mitten in Augsburg möglich!

Checkliste
- Mindestalter: 4–6 Jahre (Pony) bzw. ca. 10 Jahre (Pferd)
- Koordination, Konzentration sowie die Rücken-, Bauch- und Beinmuskulatur werden gefördert
- mehrmaliges Training pro Woche wichtig

Einstieg
Die meisten Vereine bieten Schnupperstunden an, bei denen man nur einen (Fahrrad-) Helm und Schuhe mit Absätzen benötigt.

Reiten an der Longe
Anfänger beginnen mit dem Reiten an der Longe, bei dem der Reitlehrer das Schulpferd an einer langen Leine im Kreis führt.

Kinder
Kinder erlernen gerne beim Voltigieren (Turnen auf dem Pferd) den Umgang mit dem Pferd.

Ansprechpartner
Verband der Reit- und Fahrvereine Schwaben e. V., Kreisreiterverband Augsburg-Stadt, Rolf Anger, Tel. 0821/66 37 43, www.vrf-schwaben.de

Ferienprogramm der Stadt
Unter www.tschamp.de ➜ Angebote ➜ Reiten findet man das Ferienprogramm Tschamp mit vielen Kursen rund ums Pferd: Grundkurse, Erlebnistage, Schnitzeljagd …

REITSPORTVEREINE IN AUGSBURG
Adressen und Details ➜ S. 130 ff.

Augsburger Pferdesportverein

Reit-Club Augsburg

Reitverein Augsburg-West

Vereine im Augsburger Stadtgebiet
Augsburger Pferdesportverein
Der Verein engagiert sich stark im Voltigiersport und bietet für Pferdebesitzer Springen, Dressur, Vielseitigkeit und Fahren an. Tel. 0821/3 29 06-45
www.augsburger-pferdesportverein.de

Reit-Club Augsburg
Die älteste reiterliche Vereinigung in Augsburg ist in direkter Nachbarschaft zu Zoo und Botanischem Garten auch ein ausgesprochener Stadtverein.

Foto: Reit-Club Augsburg

Reitinteressierte können das Reiten auf clubeigenen Schulpferden und kleine Pferdefans (ab 5 Jahren) in einer Voltigiergruppe den Umgang mit dem Pferd lernen. Tel. 0821/55 41 18
www.reitclub-augsburg.de

Voltigiergruppe Reitclub Augsburg:
http://augsburgervoltis.oyla4.de

Reitverein Augsburg-West
Wer ein Pferd besitzt und auf Turnieren starten möchte, kann hier Mitglied werden.

Reitunterricht und -kurse

Volkshochschule Augsburg
Die VHS Augsburg bietet u. a. Einstei-ger-Intensivkurse mit Islandpferden an.
Tel. 0821/50 26 50
www.vhs-augsburg.de

Therapeutisches Reiten
Neben Reitunterricht ist bei Kerstin Hoffmann auch therapeutisches Reiten möglich. Tel. 0821/90 69 511
www.menschpferd.de

Western-City Dasing
Kinder ab 6 finden hier Spaß bei Pfer-den, atemberaubenden Kunststücken und Cowboyliedern. Geöffnet: von Ostern bis Oktober täglich außer Mo 10–18 Uhr (während der Ferien auch Mo), Tel. 08205/225,
www.western-city.de.

Veranstaltungen und Wettbewerbe für Pferdefans
• Süddeutsche Karl May-Festspiele,
  www.karlmay-festspiele.de
• Americana, Messe für Western- und Freizeitreiter, www.americana2006.com
• Pferdefestival in Schwaben,
  www.breitensportfestival-schwaben.de

Familien-Tipp ### Höfe und Reitanlagen
• Islandpferde Lechleite, Schützenstr. 110, 86316 Friedberg,
  Tel. 0821/60 33 30, www.lechleite.de
• Ponyhof Pflaumdorf, 86926 Pflaum-dorf bei Landsberg, Tel. 08193/10 70,
  www.ponyhof-pflaumdorf.de

easy living/KAROCARD-Partner
• Ponyhof Pflaumdorf
• Western-City/Karl May-Festspiele
Details unter www.easy-living-online.de oder www.karocard.de

Auf den Spuren von
Steffi Graf und Boris Becker

Tennis zählt zu den beliebtesten Wettkampf-, Freizeit- und Zuschauersportarten der Welt. In jedem Alter und zu jeder Jahreszeit kann gespielt werden: im Sommer an der frischen Luft in der Sonne und im Winter geschützt in der Halle. Neben körperlichem und geistigem Training lernt man beim Tennis auch andere und bessere Leistungen anzuerkennen.

Checkliste
• Tennis unter Anleitung richtig lernen
• gute Ausrüstung: Tennisschuhe, -schläger und -bälle
• Trainingshäufigkeit: ab ca. 2 x 1 Std. pro Woche
• Kondition, Schnelligkeit, Reaktionsvermögen und Koordination werden gefördert
• geringe Verletzungsgefahr: keine „Mann an Mann"-Sportart

Ansprechpartner
Bayerischer Tennis-Verband, Bezirk Schwaben, Geschäftsstelle, Oskar-von-Miller-Str. 24 1/2, 86199 Augsburg, Tel. 0821/59 66 97, fritz.schmidt@btv.de, www.btv.de

Die bekanntesten Tennisvereine
Tennisclub Augsburg
Der Club besteht bereits seit über 100 Jahren und liegt in einer der schönsten Parkanlagen Augsburgs am Rande des Siebentischwalds (Prof.-Steinbacher-Str. 6a). Tel. 0821/55 13 16 (Di, Do 14–18 Uhr, Sa 8–12 Uhr), www.tc-augsburg.de
• 18 Freiplätze (Sand)
• 4 Hallenplätze (Sand)
• Restaurant (Tel. 0821/55 02 51)

Gesellschaft und Tennis-Club Schießgraben e. V.
Der Tennisclub wurde im Jahr 1930 gegründet und liegt unterhalb des Wittelsbacher Parks neben dem Rosenaustadion (Stadionstr. 11a). Tel. 0821/52 84 38, www.tennisclub-schiessgraben.de
• 16 Freiplätze (Sand)
• 3 Tennishallen (Sand)
• 1 Kleinfeldspielplatz
• Restaurant (Tel. 0821/2 52 83 77)

Tennisanlagen
• Provino Sport, Provinostr. 59, Tel. 0821/55 55 22, www.provino-sport.de
• Tennisanlage TAS, Eppaner Str. 1, Tel. 0821/71 11 10, www.tennisclub-tas.de
• TBS Wünschig, Inninger Str. 100, Tel. 0821/82 0 82, www.tbs-wuenschig-augsburg.de

TOP-5-TENNISVEREINE IN AUGSBURG
Adressen und Details ➜ S. 130 ff.

TSG 1885 Augsburg
TSG Augsburg-Hochzoll 1889
TSV 1847 Schwaben Augsburg
TSV Haunstetten
TV Augsburg 1847

Tennis lernen
Bei allen Tennisvereinen kann man Tennis in Kursen für Anfänger, Fortgeschrittene und Kinder von erfahrenen Tennistrainern lernen.

Volkshochschule Augsburg
Die VHS Augsburg bietet für Anfänger, Fortgeschrittene, Kinder und Jugendliche (Schnupper-)Kurse an. Mehr Infos unter www.vhs-augsburg.de oder Tel. 0821/50 26 50.

Viktor Georgiev@fotolia.de

Generation 50+

Spezielle Angebote für ältere Sportler bieten fast alle großen Vereine, aber auch die kleinen. Unter anderem:

- Eisenbahner-Sportverein Augsburg
- MBB-SG Augsburg
- TSV Augsburg-Kriegshaber 1888

Foto: TC Schießgraben

Erfolgreiche Mannschaft im Seniorenbereich: Damen 60 des TC Schießgraben

Kinder – Kleinfeldtennis

Für Kinder gibt es bei den Vereinen Schnupperkurse. Dort kann man herausfinden, ob der Tennissport überhaupt gefällt. Kinder steigen über Kleinfeldtennis in den Tennissport ein. Näheres dazu erfährt man bei der Referentin für Jugendtennis des BTV, Bezirk Schwaben: Heidi Schmidt, Tel. 0821/59 66 97, heidi.schmidt@btv.de.

Ferienangebot der Stadt

Unter www.tschamp.de ➜ Angebote ➜ Sport findet man das Ferienprogramm Tschamp mit vielen Angeboten im Bereich Tennis speziell für Kinder und Jugendliche.

Spieltermine für Fans

Auf der Website des Bayerischen Tennis-Verbands www.btv.de werden anstehende Turniere ausgeschrieben. Dort lässt es sich z. B. erfahren, wo die erfolgreiche Damenmannschaft des TV Augsburg 1847 spielt.

Tipp Vereinssuche Bei der Suche nach dem passenden Verein empfiehlt es sich, die Anlagen der Vereine zu besichtigen. Es geht ja nicht nur um den Sport allein, sondern auch um Entspannung und gute Stimmung danach. Wichtig ist dabei eine gute Bewirtschaftung.

Körperbewusst bei jedem Wetter

Bei Kraftsport handelt es sich um Sport, dessen Ausübung im Vergleich zu anderen Sportarten in besonderem Maß Körperkraft erfordert und die Muskeln ausbildet (Muskelqualität). Man unterteilt in folgende Arten: Gewichtheben, Kraftdreikampf und Armwrestling. Bodybuilding ist streng genommen kein Kraftsport. Da das Training hier allerdings dem typischer Kraftsportarten sehr ähnlich ist, kann man es durchaus zu dieser Gruppe zählen.

Checkliste

- Einstiegsalter: 10 Jahre (Gewichtheben und Kraftdreikampf), 12 Jahre (Bodybuildung) bzw. 6 Jahre (Breitensport Fitness)
- Ausrüstung: Sportkleidung und Sportschuhe, in Fitnesscentern zusätzlich Handtuch (zur Abdeckung an Geräten)
- für das Gewichtheben und den Kraftdreikampf sind spezielle Schuhe und Gürtel hilfreich, aber nicht zwingend erforderlich
- alle Muskelgruppen werden beansprucht, Ausdauer und Herz-Kreislauf-System werden gestärkt

----

Robert Neuber@photocase.com

Gewichtheben und Kraftdreikampf
bieten die TSG 1885 Augsburg und der Eisenbahner-Sportverein an. Die jüngsten sind 6, die ältesten 65 Jahre alt. Wer Lust hat, kann auch an den Wettkämpfen teilnehmen.

Ansprechpartner
Bayerischer Gewichtheber- und Kraftsportverband, www.bgkv.de

Für Augsburg: Thomas Fritsch, Wölfleweg 3, 86477 Adelsried, Tel. 0171/5 52 38 69

Gewichtheben
Das Gewichtheben besteht aus den Disziplinen Reißen und Stoßen. Gewichtheben wird von Frauen und Männern ausgeübt und ist eine olympische Disziplin. www.tsg-augsburg.de

Kraftdreikampf
Kraftdreikampf wird ebenfalls von Frauen und Männern ausgeübt und besteht aus den Disziplinen Kniebeuge, Bankdrücken und Kreuzheben. Den Athleten stehen bei einem Wettkampf drei Versuche je Disziplin zur Verfügung. Diese Sportart ist aber nicht olympisch. www.esv-augsburg.de

Bodybuilding/Fitness
Bodybuilding ist eine Sportart, bei der die Modellierung des Körpers durch gezielte Muskelübungen im Mittelpunkt steht. Ziel ist der Muskelaufbau bei geringem Körperfettanteil und die genaue Definition (Herausarbeitung) einzelner Muskeln.

Foto: Hessingpark-Clinic

Ansprechpartner
Bayerischer Landesverband für Body-building, Fitness- und Kraftsport, Post-fach 80 02 31, 81602 München;
Für Augsburg: Thomas Augste,
Tel. 0821/31 98 34-0, www.dbfv.de.

Kids und Jugend
Eine Juniorenbodybuildingklasse bis 21 Jahre gibt es z. B. bei:
• Flex-Fitness-Studio

Frauen und Mädchen
Fitnessfigurklasse, Fitnessleistungs-klasse, Bodybuildingklasse, u. a. bei:
• Fitness World KG

Generation 40+
Hier werden drei Alterskategorien un-terschieden: 40+, 50+ und 60+:
• Eddi's Fitness & Bodybuilding

Dragonjoe@photocase.com

BODYBUILDING (AUSWAHL)
Allstars Leistungszentrum Schuber,
Tel. 6 14 33
Athletic-Studio 2000, Tel. 57 94 29
Eddi's Fitness & Bodybuilding,
Tel. 4 55 07 70
Fitness Studio Success, Tel. 88 86 85
Fitness World KG, Tel. 72 44 03
Fitness-Center California Sun,
Tel. 71 93 10
Flex-Fitness-Studio, Tel. 15 60 15

Fitness (Breitensport)
Unter Fitness wird im Allgemeinen kör-perliches und oft auch geistiges Wohl-befinden verstanden. Fitness bietet ein breites Spektrum an körperlicher Betä-tigung für die unterschiedlichsten Ziele. Vom Beweglichbleiben (Vorbeugung) über Problemzonenbeseitigung bis hin zur medizinischen Reha findet man im Fitnessbereich alles.

Preiswerte Studios
Diese Studios bieten besonders güns-tiges Training an. Abstriche muss man hier in der persönlichen Betreuung ma-chen. In Augsburg z. B.:
• clever fit, Riedingerstraße 26, Tel. 4 10 17 00; McFit, Gögginger Str. 119, Tel. 5 89 31 00; Quickfit 24, Memmin-gerstr. 7, Tel. 2 59 39 90

Fotos: Hessingpark-Clinic

Funktionsdiagnostik und Training bei Hessingpark Training

Tipp: Krankenkasse Fragen Sie auch einmal bei Ihrer Krankenkasse nach. Viele bieten kostenlose oder zumindest kostengünstige Gymnastik- und Fitnesskurse an; die AOK Augsburg z. B. unter www.aok-augsburg.de ➔ Gesundheitskurse.

Frauen und Mädchen
Extra Fitness für Frauen, ohne Männer, bieten u. a.:
• AMICA, Daimlerstr. 13, Neusäß, Tel. 46 88 77; DIVA, Albert-Leidl-Straße 6, Tel. 81 33 73; Lady Gym, Imhofstr. 13, Tel. 9 22 66

Generation 50+
Alle Vereine und auch Fitnessstudios eignen sich auch für Ältere. Das Training kann individuell auf alle Bedürfnisse abgestimmt werden.
• Injoy 30 plus, Schertlinstraße 23, Tel. 5 89 30 30

Reha/Gehandicapte
Vom Rehatraining nach Unfällen bis hin zum Training für Behinderte bietet Kraftsport und Fitness ein großes Spektrum an Trainingsmöglichkeiten. Die Verbände helfen da gerne weiter.
• Hessingpark-Training

Tipp für Studenten In vielen Fitnessstudios gibt es Angebote für Studenten und Auszubildende, z. B. bei McFit.

Vereine
Viele der großen Vereine bieten auch Betätigung zum Thema Fitness an.
• TV Augsburg

Volkshochschule Augsburg
Die VHS Augsburg bietet u. a. Aerobic- und Fitnesskurse an. Tel. 0821/50 26 50, www.vhs-augsburg.de

easy living/KAROCARD-Partner
Viele Fitnesscenter sind Partner, Details unter www.easy-living-online.de oder www.karocard.de

FITNESS (WEITERE ANBIETER)
Bodyfeeling Fitness, Tel. 4 50 73 37
Energy-Lab, Tel. 25 92 40
Fitness Company, Tel. 34 47 90 oder 25 29 20
Fitness for Fun, Tel. 55 52 22 oder 8 15 55 55
INJOYmed Augsburg, Tel. 34 65 613
Kieser Training , Tel. 56 70 70
Planet Fitness , Tel. 44 40 90 60
Sportkreisel , Tel. 50 89 871

Premium Circle – ran an die Körperbalance:
Die Einfachheit der Bewegung neu erlernen

„Störungen im Bewegungsapparat sind eine der häufigsten Ursachen für eine gestörte Körperbalance und damit ein wesentliches Hemmnis für Spaß und Genuss am Sport", sagt Wolfhard „Cliff" Savoy, Physiotherapeut und Leiter von Hessingpark-Training. Aber: Muskelarbeit und Muskelkoordination lassen sich relativ einfach und schnell durch gezieltes Zirkeltraining im „Premium Circle" von Hessingpark-Training verbessern.

Einfachheit der Bewegung erlernen

Für das Training im Premium Circle haben Savoy und seine Mitarbeiter das Beste aus verschiedenen Trainingsmethoden zu einem ganzheitlichen Trainingssystem zusammengeführt. „Mit Elementen von Gyrotonic® wird die funktionelle Beweglichkeit gestärkt, Pilates fördert Konzentration und Stabilität, mit der Spirodynamik® werden anatomisch intelligente Bewegungsabläufe trainiert", erklärt Savoy einige Elemente aus dem optimal aufeinander abgestimmten Programm. Ziel ist es, die Koordination und Kommunikation der Muskeln zu fördern und dadurch die Muskelfunktion zu verbessern. „Egal ob Fuß- oder Handballer, Jogger oder Radler, Golfer oder Schwimmer – durch die Entwicklung eines Körperbewusstseins und eines neuen Bewegungsgefühls kann der Genuss am aktiven Sporttreiben in allen Sportarten deutlich gesteigert werden", so Savoy.

Entspannung und Ausgleich

Das Training im „Premium Circle", für das individuelle Termine vereinbart werden können, ist nicht nur zur Optimierung des individuellen sportlichen Leistungsvermögens konzipiert. Es eignet sich ebenso hervorragend als Entspannungstraining, als Ausgleichstraining im Winter und zur Vorbereitung auf eine neue Saison. „Das spezielle Zirkeltraining im Premium Circle schafft eine sehr gute Basis für gute und genussvolle sportliche Aktivitäten in allen Bereichen", ist sich Savoy sicher. Die durchweg positiven Rückmeldungen von Sportlern, die Savoy bereits im „Premium Circle" betreut, dienen dem olympiaerfahrenen Physiotherapeuten als Beleg für diese Feststellung.

Weitere Informationen unter:
Hessingpark-Clinic GmbH,
Hessingstr. 17, 86199 Augsburg
Tel. 0821/909-90 00, Fax -90 01
contact@hessingpark-clinic.de
www.hessingpark-clinic.de

Grundlagenlehre mit hohem Trainingseffekt

Turnspiele und Bewegungskünste → S. 78   Das Turnen ist eine Grundform des Sports. Es verbessert die Fitness, schult die koordinativen Fähigkeiten und dient vielfach als Grundlage moderner Trainingslehren. Als Gesundheitssport und in der medizinischen Prävention gewinnt Turnen in seinen vielfältigen Ausprägungen zunehmend an Bedeutung.

Ansprechpartner

Turngau Augsburg, Turngauvorsitzender Werner Goschenhofer, Schwalbenstr. 3, 86391 Stadtbergen,
Tel. 0821/2 43 10 52,
wernergoschenhofer@vr-web.de,
www.turngau-augsburg.de

DIE GRÖSSTEN TURNVEREINE Adressen und Details → S. 130 ff.
TSG 1885 Augsburg
TSG Hochzoll
TSV 1871 Augsburg
TSV Firnhaberau
TSV Haunstetten
TSV Inningen
TSV Schwaben Augsburg
TSV 1847 Schwaben-Augsburg e. V.
TVA 1847 Augsburg

Volkshochschule Augsburg

Die VHS Augsburg bietet diverse Kurse zu Aerobic und Gymnastik etc. an. Tel. 0821/50 26 50, www.vhs-augsburg.de

Bereiche und Disziplinen

Alle nachfolgend genannten Bereiche und Disziplinen werden von fast allen Turnvereinen angeboten, bei Interesse einen Verein in der Nähe suchen oder beim Turngauvorsitzenden nachfragen.

Eltern-und-Kind-Turnen

Dieser Bereich umfasst u. a. Schwangerschaftsgymnastik, Bewegungsspiele mit Säuglingen und spielerisches Turnen mit bis zu 5-Jährigen. Tipp: Neben den Vereinen hat auch der Sportkreisel ein breites Angebot hierzu.

Kinderturnen

Kinderturnen vermittelt spielerisch Bewegungsabläufe als Voraussetzung für jede sportliche Betätigung und fördert die Freude an der Bewegung.

Jugendturnen

Unter Jugendturnen versteht man nicht, wie viele annehmen, das Turnen von Jugendlichen im Allgemeinen, sondern spezielle, für die Turnerjugend geschaffene Sportangebote und Wettkämpfe.

Geräteturnen

Geräteturnen ist eine olympische Sportart. Ziel ist, auf der Grundlage moderner Trainings- und Bewegungslehre an und mit Geräten Bewegungs- und Körpererfahrungen zu sammeln.
• Olympischer Sport-Club Augsburg 1972 e. V. (OSC), www.deutsche-turnliga.de/osc-augsburg

Gymnastik und Tanz/RSG

Von Folklore bis Jazzdance wird in den verschiedenen Vereinen einiges geboten. Rhythmische Sportgymnastik (RSG) ist Gymnastik mit und ohne Handgerät und wird sowohl einzeln als auch in Gruppen dargeboten.

• RSG in der Umgebung: www.sv-gablingen.de, www.tsv-gersthofen.de

Aerobic

Aerobic ist eine Form von Fitnesstraining, die Anfang der 1980er Jahre sehr populär wurde. Es handelt sich dabei hauptsächlich um Konditionstraining, das zumeist in Gruppen durchgeführt und von Musik begleitet wird. Eine Trainerin oder ein Trainer gibt dabei die Übungen vor und fungiert als Motivator für die Teilnehmer.

• www.tvaugsburg.de

Rope-Skipping

Rope-Skipping ist ein neuer, schneller und unheimlich vielseitiger Sport, bei dem zu fetziger Musik mit Spezialseilen die unglaublichsten Tricks gesprungen werden.

• www.tsghochzoll.de

Generation 50+

Gerade für Ältere bietet der Bereich Turnen und Gymnastik ein umfangreiches Angebot, um Körper und Geist fit zu halten sowie die Lebensqualität durch sportliche Aktivität zu steigern.

Gesundheit → S. 120 f. Für Kranke, Unfallgeschädigte und Behinderte gibt es zahlreiche Aktivitäten in Augsburg, z. B. beim Turnverein Augsburg (Göggingen).

Tipp: Probetraining Die meisten Vereine bieten ein kostenloses Probetraining an, damit man vor einer Entscheidung alles anschauen und ausprobieren kann.

blendeneoeffner@photocase.com

Sportakrobatik

Unter Sportakrobatik versteht man Boden-, Partner- oder Gruppenakrobatik. Sportakrobatik ist eng mit dem Turnen und den Bewegungskünsten verwandt.

Checkliste

• Einstiegsalter: 6 Jahre
• Sportkleidung und Hallenturnschuhe
• trainiert werden alle Muskelgruppen

Ansprechpartner
Bayerischer Sportakrobatik Verband, www.bsav.de
Sportakrobatikverein Augsburg-Hochzoll 1957., Goethestr. 16, 86161 Augsburg, Sebastian Schipfel,
Tel. 0821/55 07 26, schipfel@gmx.net

Tipp Der Sportakrobatikverein Augsburg-Hochzoll feiert sein 50-jähriges Bestehen und hat deshalb interessante Angebote im Programm. Mehr unter www.sav-homepage.de.vu.

Von Feierabendbeschäftigung bis Wettkampfsport

Kegeln

Beim Kegeln muss der Spieler eine Kunststoffkugel präzise in die am anderen Ende der Bahn aufgestellten Kegel rollen und damit am besten „alle neune" umwerfen. Es besteht allenfalls eine Verwandtschaft zum Bowling: Beim traditionellen Kegeln gibt es 9 (statt 10) Kegel, sie sind in einer Raute angeordnet und stehen etwas weiter auseinander.

Checkliste Kegeln
• Einstiegsalter: ab 8 Jahren
• Ausrüstung: saubere Hallenturnschuhe

Wissenswertes
Lochkugeln (Kugeln mit 2 Fingerlöchern für besseren Halt) werden hauptsächlich von den Hobby- und Freizeitkeglern benutzt. Sportkegler hingegen verwenden die lochlosen Vollkugeln, die Kugel wird dabei in der hohlen Hand gehalten, was deutlich schwieriger ist. Im Jugendkegeln (bis 16 Jahre) werden kleinere, leichtere Kugeln verwendet.

Ansprechpartner
Thomas Preißler, Kegelzentrum Augsburg, Tel. 0821/55 74 17, preissler@kegelzentrum-augsburg.de

Kegelanlagen (Auswahl)
• Kegelzentrum Augsburg
  Am Eiskanal 22, Tel. 0821/55 74 17
• Tennispark Göggingen
  Bergiusstr. 5, Tel. 0821/9 12 08
• Turamichele Kegelbahnen
  Provinostr. 35, Tel. 0821/55 12 67

KEGELN IM VEREIN
Adressen und Details ➜ S. 130 ff.

Kegelsportgemeinschaft Augsburg

Sportkegler-Verein Augsburg

Sportverein Augsburger Freizeitkegler

Sportverein Goldener Kegel Augsburg

Vereine für Sportler mit Handicap
• Kegelfreunde Augsburg – Kegelverein
  für Blinde und Sehbehinderte
• Sportverein-Reha Augsburg
• Vitalsportgemeinschaft
  Haunstetten-Königsbrunn

Bowling

Beim Bowling, einer Variante des Kegelns aus den USA, müssen 10 Pins (Kegel) in maximal 2 Würfen zu Fall gebracht werden. Die Bowlingkugeln bestehen aus unterschiedlichen Materialen und haben 3 Löcher. Sportbowler lassen ihre verschiedenen Bälle speziell an ihre Finger und Spielweise anpassen. Ziel: alle Pins im ersten Wurf zu Fall bringen (Strike); das perfekte Spiel sind 12 Strikes in Folge (300 Punkte).

Checkliste Bowling
• Einstiegsalter: ab 6 Jahren
• Ausrüstung: Bowlingschuhe (können
  geliehen werden), optional Handschuhe

Wissenswertes
Kids und Jugendliche spielen Kugeln ab ca. 3 kg (6 Pfund), Erwachsene Kugeln bis 6,8 kg (16 Pfund). Bei den Fingerlö-

ooxoo@photocase.com

chern gibt es unterschiedliche Größen, hier sollte man vor einem Schub testen, welche Lochgröße passt.

Ansprechpartner
Bowling-Sportverein Augsburg
1970 e. V., Rudolf Mihatsch, Tel.
0179/5 26 07 65, mihatschr@web.de,
www.bsva.de

BOWLING IM VEREIN
Adressen und Details → S. 130 ff.

American Car Friends Augsburg

Betriebssportgemeinschaft Victoria Versicherungen

Bowling-Sportverein Augsburg 1970

Bowlingverein Augsburg-Land

Bowlinganlagen (Auswahl)
- ABC Bowling, Fuggerstadt-Center, Tel. 0821/4 20 73 98
- City-Bowling Halderstr. 5, Tel. 0821/3 50 61
- Harlekin Bowling Eichleitnerstr. 7, Tel. 0821/5 89 39 00

Tipp für Einsteiger   Für Kinder, Jugendliche und Erwachsene bietet der Bowling-Sportverein Augsburg kostenloses Training für Anfänger an (im City-Bowling).

Darts

Darts kennt jeder aus Kneipen oder Freizeitanlagen. Dabei wirft man mit Pfeilen aus einer festgelegten Entfernung auf eine Scheibe, die in Zonen unterschiedlicher Wertigkeit unterteilt ist. In der populärsten Spielweise gewinnt, wer von einem bestimmten Punktewert (meist 501) als Erster auf exakt null Punkte herunterkommt. Darts wird aber auch, nach fast denselben Regeln, professionell als Präzisionssport betrieben.

Checkliste
- Einstiegsalter: ab 8 Jahren
- Ausrüstung: evtl. eigene Pfeile, aber nicht zwingend erforderlich

----

Wissenswertes
E-Darts (Automaten-/Softdarts) wird auf Kunststoffscheiben mit elektronischer Anzeige gespielt. Die Pfeilspitzen sind hier aus Plastik. Steeldarts wird klassisch auf eine Korkscheibe gespielt, die Pfeilspitzen sind aus Metall. Für zu Hause gibt es sowohl elektronische (Plastik-)Dartsscheiben als auch korkähnliche Scheiben. Auf beide kann mit weichen Plastikspitzen gespielt werden, um Boden und Wand zu schonen.

madochab / photocase.com

Ansprechpartner
Nordschwäbischer Dartverband,
1. Vorsitzender Jürgen Dannhorn, Paul-Reusch-Str. 21a, 86167 Augsburg, Tel. 0821/74 22 75, j.dannhorn@t-online.de, www.nsdv.de

DARTS IM VEREIN
Adressen und Details ➜ S. 130 ff.

ADL (Augsburger Dartliga)

American Car Friends Augsburg

Clochard Darter Augsburg

Dart'agnans Augsburg 91

Dartclub DC Fass'l Augsburg

FC Eintracht 84 Augsburg

Spielorte Darts (Auswahl)
- Gaststätte „Zum Fass'l"
  Petelstr. 2, Tel. 0821/41 33 33
- Bismarck Bistro
  Bismarckstr. 7, Tel. 0821/5 89 74 67
- Pool Maxx, Bgm.-Widmeier-Str. 42,
  Tel. 0821/8 48 00
- Paritäts-Stüberl
  Georgenstr. 2, Tel. 0172/8 98 45 00
- Gaststätte Thing
  Vorderer Lech 45, Tel. 0821/3 95 05

Tipp für Jugendliche Folgende Jugendtreffs bieten auch Darts an:
- Café Schülertreff, Lange Gasse 18,
  Bund Deutscher Katholischer Jugend
- Jugendhaus Pfersee,
  Stadtberger Str. 19, Stadtjugendring
- Madison-Haus, Madisonstr. 10a,
  im Katholischen Thaddäus-Zentrum
- SchüCa, Im Annahof 6, Evangelische
  Jugend

Billard
Der Billardsport wird leider mit verrauchten Kneipen in Verbindung gebracht. Billard ist allerdings mehr: Für diesen anspruchsvollen Sport, der in Freizeit-, Amateur- und Profiligen gespielt wird, braucht man mentale Stärke und ein sehr gutes räumliches Vorstellungsvermögen.

- -

Checkliste
- Einstiegsalter: ab 8 Jahren
- Ausrüstung: evtl. eigener Billardqueue,
  aber nicht zwingend erforderlich

- -

Wissenswertes
Poolbillard ist die hierzulande bekannteste und beliebteste Variante und kann in vielen Gasstätten gespielt

Foto: www.slash-f.de

werden. Dort stehen aber zumeist nur kleinere Freizeittische, in Billardlokalen kann auf den größeren Turniertischen gespielt werden.

Snooker, eine Variante, die in Großbritannien ungeheuer populär ist, unterscheidet sich in vielen Punkten vom Poolbillard: Der Tisch ist deutlich größer (ca. 3,60 x 1,80m), die Kugeln und Taschen sind jedoch kleiner. Gespielt wird auf 15 rote (1 Punkt) und 6 farbige Bälle (2–7 Punkte), die abwechselnd versenkt werden müssen (die farbigen kommen nach dem Versenken immer wieder auf den Tisch). Es gewinnt der Spieler mit den meisten Punkten.

Ansprechpartner
Bayerischer Billardverband,
München, Tel. 089/1 57 02-242,
www.bayerischer-billardverband.de

BILLARD IM VEREIN
Adressen und Details ➜ S. 130 ff.

American Car Friends Augsburg

Augsburger Billard-Club e. V.

Billardclub Augsburg Oberhausen

Billardclub Haunstetten

Billard-Snooker-Club Augsburg

Pool Billard Club Augsburg

Spiellokale (Auswahl)
- Bella Billard, Geschwister-Scholl-Str. 1,
  Tel. 0821/44 13 05
- Pool City, Hermanstr. 11,
  Tel. 0821/3 19 56 36
- Pool Maxx, Bgm.-Widmeier-Str. 42,
  Tel. 0821/8 48 00
- Provino Sport
  Provinostr. 59, Tel. 0821/55 55 22

Volkshochschule Augsburg
Die VHS Augsburg bietet u. a. Poolbillard an. Tel. 0821/50 26 50,
www.vhs-augsburg.de

Tipp für Jugendliche   Folgende Jugendtreffs
bieten auch Billard an:
- Fabrik – Jugendhaus Lechhausen,
  Schackstr. 40, Stadtjugendring
- H_2O Jugendhaus Oberhausen,
  Hirblinger Str. 2, Stadtjugendring
- Jugendhaus Pfersee,
  Stadtberger Str. 19, Stadtjugendring
- K 15 – Jugendzentrum Kanalstraße,
  Kanalstr. 15, Stadtjugendring
- Madison-Haus, Madisonstr. 10a,
  im Katholischen Thaddäus-Zentrum

Selbstverteidigung und Kampfsport für Budokas in Augsburg

Die Budosportarten erfreuen sich größter Beliebtheit, in Augsburg gibt es ein vielfältiges Angebot der verschiedenen Budokampfkünste. Zu diesen zählen Aikido, Karate, Kung-Fu, Jiu-Jitsu, Judo und Taekwondo. Sie unterscheiden sich einerseits in der Kampftechnik, andererseits in der Lehre des „Inneren" (jap.: Do). Als Anfänger sollte man sich daher zunächst alle Techniken anschauen, um den richtigen „Weg des Krieges" (jap.: Budo/Bushido) für sich zu finden.

Checkliste
- Einstiegsalter: 4–5 Jahre
- anfangs lockere Trainingskleidung ausreichend, den typischen Kampfanzug erhält man in seinem Dojo
- Kampfsport ist das effektivste Ganzkörpertraining, besonders Bein-, Gesäß- und Armmuskulatur werden beansprucht

BUDOSPORT IM VEREIN
Adressen und Details → S. 130 ff.
DJK Augsburg- Hochzoll
DJK Pfersee
ESV Augsburg
Polizei-Sportverein Augsburg
Post SV Telekom Augsburg
TSG Augsburg-Hochzoll 1889
TSV Haunstetten 1892
TV Augsburg 1847

Volkshochschule Augsburg
Die VHS Augsburg bietet Kurse u. a. in Aikido, Aikiken, Karate und Kenjutsu an. Tel. 0821/50 26 50, www.vhs-augsburg.de

Ferienangebot der Stadt
Unter www.tschamp.de → Angebote → Sport findet man das Ferienprogramm Tschamp mit Kampfkunst-Anfängerkursen für Schüler.

Budoschulen
Neben den Großvereinen, die viele Sport- und häufig mehrere Kampfsportarten anbieten, gibt es folgende, spezialisierte Anbieter (Auswahl):

Aikido
Aikido ist reine Selbstverteidigung – ohne Wettkampf und Konkurrenzdruck. Es ist harmonisch und versucht mit der Energie des Angreifers zu arbeiten. Das geschieht durch Umlenken anstatt durch hartes Blocken.
- Auch für Kinder besonders geeignet: Aikido und Karate Verein Augsburg e.V. – das Dojo für Aikido, Körperbewusstsein und Meditation, Sterzinger Str. 3, 86165 Augsburg, Tel. 0821/7 29 05 07, www.dasdojo.de
- Aikido Verein Augsburg e. V., Wankstr. 8, 86165 Augsburg, Tel. 0821/26 20 900, www.aikido-augsburg.de
- Aiki-Dojo Augsburg e. V., Depotstr. 3, 86199 Augsburg, Tel. 0821/58 44 07, www.aiki-dojo.de

Foto: www.dasdojo.de

Jiu-Jitsu

In direkter Übersetzung ist das die sanfte Kunst der Nachgiebigkeit, die waffenlos oder mit dem Einsatz von Zweitwaffen ausgeführt wird.

- Aikido Verein Augsburg e. V. (siehe Aikido)
- Augsburger Allkampf Club (AAC) e. V., Tel. 0821/29 92 222, www.augsburger-allkampf-club.de
- Budo Gym Augsburg, Kobelweg 12 1/4, 86156 Augsburg, Tel. 0821/40 67 97, www.budo-gym.de
- Budo-Club Augsburg e. V., Tel. 0171/7 56 82 21

Judo

Grundsatz im Judo (jap.: „der sanfte Weg") ist Siegen durch Nachgeben. Das wird durch Hebel-, Wurf- und Fallfiguren erreicht.

- Judo-Club Augsburg e. V., Aystetter Str. 17, 86356 Neusäß-Ottmarshausen, Tel. 0821/48 47 03, www.judoclub-augsburg.de

Karate (jap.: „leere Hand")

Diese Kampftechnik basiert hauptsächlich auf Schlag-, Stoß-, Tritt- und Blocktechniken sowie Fußfeger.

- Aikido und Karate Verein Augsburg e. V. (siehe Aikido)
- Aikido Verein Augsburg e. V. (siehe Aikido)
- Budo Gym Augsburg (siehe Jiu-Jitsu)
- Jiu-Jitsu-Karate-Schule, Wintergasse 7, 86150 Augsburg, Tel. 0821/66 81 81, www.jiu-jitsu-karate.de
- Karate Dojo Zanshin Augsburg e. V., Tel. 0821/2 43 19 94 www.zanshin-augsburg.de

Foto: Taekwondo Center Oliver Reuter

(Fortsetzung Karate)

- Shotokan-Karate-Dojo Augsburg e. V. (SKDA), Gögginger Str. 68, 86159 Augsburg, Tel. 0821/57 20 30, www.karate-augsburg.de
- Spielvereinigung Bärenkeller 1946 Augsburg e. V., Wildtaubenweg 13, 86154 Augsburg, Tel. 0821/20 90 872, www.budoteambaerenkeller.de
- Sportschule Budokan, Zollernstr. 3, 86154 Augsburg, Tel. 0821/41 89 33, www.sportschule-budokan.de

Kung-Fu

Kung-Fu (chin.: „etwas durch harte, geduldige Arbeit Erreichtes") ist eine chinesische Kampftechnik.

- Sportschule Budokan (siehe Karate)
- Xiao Lung Kung Fu Institut, Blücherstr. 145, 86156 Augsburg, Tel. 0178/8 55 60 08, www.kampfkunst-augsburg.de

Taekwondo

Diese koreanische Kampfkunst bedient sich hauptsächlich der Stoß- und Tritt-Technik mit Hand und Fuß („tae" = mit der Hand, „kwon" = mit dem Fuß stoßen oder schlagen, „do"= der Weg).

- Augsburger Allkampf Club (AAC) e. V. (siehe Jiu-Jitsu)

- Taekwondo Center Oliver Reuter, Eberlestr. 29, 86157 Augsburg, Tel. 0821/20 98 330, www.regio86.de/kampfsport-info
- Taekwondo Tamer Augsburg e. V., Elisabethstr. 34, 86167 Augsburg, Tel. 0821/4 48 27 90, www.taekwondo-tamer.de
- besonders für Kinder geeignet: Sportkreisel, Eberlestr. 29, 86157 Augsburg, Tel. 0821/50 89 87-1, www.sportkreisel.de

Foto: www.dasdojo.de

easy living/KAROCARD-Partner

- Aikido und Karate Verein Augsburg – das Dojo für Aikido

Details unter www.easy-living-online.de oder www.karocard.de

Kurzinfo, Vereine und der „Große Preis von Augsburg"

Die Faszination von Leichtathletik entfaltet spätestens während der Olympischen Spiele ihre volle Kraft. Die Sportler messen sich im Laufen, in Wurf- und Sprungdisziplinen, Diskuswerfen, Kugelstoßen, Speerwerfen und Stabhochspringen. Aber man braucht kein Profisportler zu sein, um an Wettkämpfen teilnehmen zu können. Zahlreiche Vereine in Augsburg machen auch Sie fit für Wettbewerbe.

Checkliste
- Kinder können bereits im Alter von 6 Jahren mit Leichtathletik beginnen
- gute Laufschuhe (Sprint: Schuhe mit Spikes) und bequeme Laufkleidung
- je nach bevorzugter Disziplin werden unterschiedliche Muskelgruppen trainiert

Ansprechpartner
Bayerischer Leichathletik-Verband, Kreis Mittel- und Nordschwaben, Schülerwartin Stefanie Menter, Tel. 0821/5 80 18 80, steffi.menter@web.de, www.blv-mn-schwaben.de

powermind@photocase.com

| Internet-Tipp | Das Leichtathletikportal für die Region |

Augsburg findet man unter www.leichtathletik-in-augsburg.de.

LEICHTATHLETIKVEREINE
Adressen und Details → S. 130 ff.

Bayerischer Gehörlosen-Sportverband
DJK Nord, Göggingen, Uni
TG Viktoria Augsburg
TSG 1885 Augsburg
TSG Augsburg-Hochzoll 1889
TSV 1847 Schwaben Augsburg
TSV 1871 Augsburg
TSV Augsburg-Pfersee
TSV Göggingen
TSV Haunstetten
TSV Inningen
TV Augsburg

Kids und Jugend
Schulkinder ab der dritten Klasse nehmen an Bundesjugendspielen teil (Pflichtveranstaltung der Schulen).

Bundesjugendspiele: Die vier natürlichen menschlichen Bewegungen Laufen, Gehen, Springen, Werfen sind unter Leichtathletik zusammengefasst. Die Eltern können jederzeit mit den Sportlehrern über Talentförderung und Vereinsmitgliedschaft sprechen.

Szene-Info
„Großer Preis von Augsburg". In Augsburg laufen Stadtteile gegeneinander. Premiere: 17. Juni 2007. Gesucht wird der Stadtteil, der die meisten Jogger, Walker oder Nordic Walker aufbietet (auch Gehandicapte).

Sozialreferent Dr. Konrad Hummel: „Wir wollen die türkische Hausfrau zum Walken und den russischen Jugendlichen zum Joggen bringen." Mehr Infos unter www.augsburg-gp.de.

Mit Musik geht alles besser

Für alle, die Spaß an Musik, Lust an Bewegung und Selbstdarstellung haben, ist Tanzen ideal. Daneben macht Tanzsport fit und fördert die Gesundheit. Zum Tanzsport zählen viele Arten des Tanzes. Sie unterscheiden sich in Paar- und Einzeltanzarten sowie natürlich in der Herkunft und im Temperament.

Checkliste

- keine Altersbeschränkung; je eher im Kindesalter mit dem Training begonnen wird, desto effektiver ist es
- je nach Tanzrichtung sollte man sich auf Dauer gute Tanzschuhe zulegen, evtl. spezielle Tanzbekleidung (Ballett/Jazzdance)
- Beinmuskulatur, Rücken, Armmuskulatur werden trainiert
- ein Tanzpartner oder eine Tanzpartnerin je nach Kurs erforderlich

TANZVEREINE (IM DTV)
Adressen und Details ➜ S. 130 ff.

Augsburger Rock 'n' Roll Company

Rocking Teddybears des
TSG Augsburg-Hochzoll 1889

Tanzsport-Zentrum Augsburg

Tanzsportgemeinschaft Bavaria

WEITERE AUGSBURGER TANZVEREINE
Adressen und Details ➜ S. 130 ff.

1892 TSV Haunstetten

Bavarian Stompers Square Dance-Club

Tanzsportclub Augsburg

TSG 1885 Augsburg

TSV Firnhaberau 1926

Kommerzielle Anbieter (Auswahl)

- ADTV-Tanzschule Trautz & Salmen, Alpenstr. 34, Tel. 0821/57 70 77, www.tanzschulen.de/trautz
- DanceCenter No 1, Am Glaspalast 1, Tel. 0821/51 39 17, www.dancecenterno1.de
- Easy Dance - die Tanzschule, Haunstetter Str. 49, Tel. 0821/6 60 95 99, www.easy-dance.de
- Otevrel Ballett- und Tanzforum Augsburg, Morellstr. 33, Tel. 0821/3 81 15, www.otevrel.de

- Tanzschule Braunmüller, Königsplatz/Wallstr. 1, Tel. 0821/15 23 18, www.braunmueller.de
- Tanztreff Cordes, Spezialschule für Jazz- und Stepptanz, Gärtnerstr. 11, Tel. 0821/56 23 60, www.tanztreff-augsburg.de
- Urban Styles Dance Academy, Viktoriastr. 3, Tel. 0821/34 47 90, www.freshandfunky.net

Volkshochschule Augsburg

Die VHS Augsburg bietet u. a. Capoeira, Discofox, Jazzdance, Boogie-Woogie, Flamenco, Tango Argentino und mehr an. Tel. 0821/50 26 50, www.vhs-augsburg.de

Standardtänze

Tanzschulen bieten Kompaktkurse an, welche die Grundschritte in Walzer, Foxtrott, Discofox, Cha-Cha-Cha, Jive und Quickstep vermitteln.

- ADTV-Tanzschule Trautz & Salmen
- Easy Dance - die Tanzschule
- Tanzschule Braunmüller
- Tanzsportzentrum Augsburg

Rock'n'Roll

Amerikanischer Swing lässt die begeisterten Tänzer in die 60er-Jahre zurückfallen, mit Hebefiguren kann Rock'n'Roll sehr sportlich getanzt werden.

- Augsburger Rock'n'Roll Company
- Tanzsportzentrum Augsburg
- TSG Augsburg-Hochzoll 1889 (Rocking Teddybears)

Boogie-Woogie

Der wesentliche Unterschied zu Rock'n'Roll besteht darin, dass man bei Boogie-Woogie kein einstudiertes Programm, sondern völlig frei zu der Musik tanzt.

- ADTV-Tanzschule Trautz & Salmen
- Tanzschule Braunmüller
- Tanzsport-Zentrum Augsburg (Boogie-Cats)

Salsa

Feurig wird es beim Salsa, der sich durch weiche, intensive Bewegungen auszeichnet. Der bekannteste Tanzstil ist der kubanische, der als besonders schwungvoll gilt.

Salsaschulen in Augsburg (Auswahl)
- Los Banditos im Sportkreisel
  Tel. 0179/5 18 93 79, www.los-banditos.de

- Salsa Casino Dance Company
  Tel. 0178/8 67 64 04, www.salsacasino.de
- Salsa Dance Crew
  www.salsa-dance-crew-augsburg.de
- Salsarush, Tel. 0821/3 17 31 09,
  www.salsarush.com

Salsaparty im Botanischen Garten

Tanzlokale Salsa
- Mi: Mo'Town, Afrawald 4,
  ab 21 Uhr „Rit'mo Latino"
- Do: Paparazzi, Theaterstr. 12,
  ab 22 Uhr „Latino Party"
- Fr: CinemaxX Moviebar, Willy-Brandt-Platz 2, ab 21.30 Uhr „XXLatin"
- So: Juleps-Bar, Zeugplatz 4,
  ab 21.30 Uhr „La Noche Romantica"

Salsa Internet-Tipp Vielfältige Infos im Latin/Salsa-Forum unter www.augsburg-salsa.de.

Jazzdance und Modern Dance

Bei Modern- oder Jazzdance ist ein Tanzpartner nicht Voraussetzung – zu klassischen oder modernen Klängen wird auf der Grundlage von Figuren aus dem Ballett konzentriert getanzt. Wie auch im Ballett ist für diesen Tanz eine hohe Disziplin notwendig.

• DanceCenter No1
• Otevrel Ballett- und Tanzforum Augsburg
• Tanztreff Cordes

Hip-Hop

Optisch lockerer sind dagegen die „Ghettotanzstile" Hip-Hop und Breakdance, die sich größten Zulaufs durch Jugendliche erfreuen.

• DanceCenter No 1
• K 15 (siehe Breakdance)
• Tanzsportzentrum Augsburg
• Urban Styles Dance Academy

Breakdance

Checkliste Breakdance

• gute Dehnung, Mut (Saltos, Power-moves ...), Entschlossenheit
• Gefühl für Rhythmus, gute Aufnah-mefähigkeit
• Ausrüstung: Gelenkschoner, Helm (der oben flach ist für „Headspin"), rutschfeste Schuhe, Klamotten, die schmutzig werden können, rutschige Jacke oder Oberteil und eine PVC-Matte (falls der Boden nicht rutschig genug ist oder man draußen trainie-ren will)

Bei folgenden Jugendtreffs (geöffnet 14–21 Uhr) kann man Breakdance kostenlos trainieren (mehr Infos unter www.sjr-a.de/jugendhaeuser):

• b-box – Sport- & Spieltreff Herrenbach
• Fabrik – Jugendhaus Lechhausen
• K 15 – Jugendzentrum Kanalstr., Tel. 0821/51 55 44
• Kosmos – Jugendhaus Univiertel, Tel. 0821/59 26 82

Weitere Angebote

Fernab von diesem gängigen Angebot können Begeisterte ihre Hüften zu orientalischer Musik kreisen lassen oder alternative Tanzformen ausprobieren.

Orientalischer Tanz/Bauchtanz
- Orientalischer Tanz Surya Gamal/TV Augsburg 1847, Gabelsbergerstr. 64, Tel. 0171/54 54 501, www.suryanet.de
- Orientalische Tanzschule Augsburg Shaddai, Tel. 0821/54 40 88, www.shaddai.de
- Sabuha Shahnaz, Schule für orientalischen Tanz, Henisiusstr. 1, Tel. 0821/15 43 66, www.sabuha.de
- Scheherazade aus Augsburg/TSG Augsburg-Hochzoll 1889, Höfatsstr., Tel. 0170/3 44 67 44, www.scheherazade.de

Ballett
- DanceCenter No 1
- Otevrel Ballett- und Tanzforum

Capoeira
- Sportkreisel, Eberlestr. 29, Tel. 0821/50 89 87-1, www.sportkreisel.de

Choreografien
- Urban Styles Dance Academy

Flamenco
- DanceCenter No1
- Tanztreff Cordes
- TV Augsburg

Flamenco-Internet-Tipp Mehr Tipps zu Flamenco in Augsburg unter www.salmero.de.

Squaredance
- Bavarian Stompers Square Dance-Club e. V. (Squaredance, Line- und Rounddance)

Tango Argentino
- ADTV-Tanzschule Trautz & Salmen
- DanceCenter No 1
- Tanzschule Braunmüller

Selbsterfahrung/Natur-Erleben-Tanz
- tanzwerkstatt Ursula Neuner Von-der-Tann-Str. 40, Tel. 0821/52 96 49, www.tanzwerkstatt-augsburg.de

Einkaufstipp Tanzschuhe

Der Tanz- und Ballettshop „Balance" führt ein ausgesuchtes Warensortiment für alle Tanzsparten, Ballett und Show. Jakoberstr. 7, Tel. 0821/3 46 34 75, www.balanceshop.de

easy living/KAROCARD-Partner
- ADTV-Tanzschule Trautz & Salmen Details unter www.easy-living-online.de oder www.karocard.de

öda@photocase.com

91

Auf der Suche nach Strukturen

Beim Sportklettern bewegt man sich auf kurzen Routen zwischen 10 und 30 Metern Länge. Üblicherweise wird frei geklettert, d. h., Seil und Haken dienen nur als Sicherung und werden nicht zum Hochziehen benutzt.

Checkliste
- Alter: ab 5 Jahren
- Grundausrüstung kostet ca. 150 Euro: Klettergurt, Seil, Kletterschuhe (kann gegen Gebühr auch geliehen werden)
- Training: Sehnen und Muskeln im Unterarm werden besonders gekräftigt, ebenso die Beinmuskulatur

Mithilfe von Strukturen, Griffen und Leisten sucht man sich mit Händen und Füßen seinen Weg nach oben. Dabei spielen Kraft und Technik eine gleich wichtige Rolle. Die Routen sind mit fest angebrachten Haken in kurzen Abständen abgesichert, so ist die Verletzungsgefahr bei einem Sturz relativ gering.

Bouldern am Klettercenter des DAV Augsburg

Sportklettern wird als Breitensport, Extremsport und Wettkampfsport betrieben. Es gibt die Disziplinen Difficulty (Schwierigkeit), Speed (Geschwindigkeit) und Bouldern (Klettern ohne Seil und Gurt in Absprunghöhe).

Der Schwierigkeitsgrad einer Route ergibt sich aus der Anzahl und Größe der Griffe sowie der Neigung der Kletterwand. Am anspruchsvollsten ist Stufe 11; in den Kletterhallen schwankt der Grad meist zwischen 4 und 10+.

ANBIETER FÜR SPORTKLETTERN
Adressen und Details ➜ S. 130ff.

Bergwacht Augsburg

Deutscher Alpenverein
Sektion Augsburg

Theramo e. V. für Sport und Kultur

TV Augsburg

Ansprechpartner
Deutscher Alpenverein, Sektion Augsburg, Peutingerstr. 24, Tel. 0821/51 67 80, www.alpenverein-augsburg.de. Öffnungszeiten: Mo/Do 16–19 Uhr, Mi/Fr 9–13 Uhr.

Kids und Jugend
Wer mit anderen Kindern und Jugendlichen seine Freizeit – nicht nur mit Klettern – verbringen möchte, der ist bei der Jugendabteilung des DAV richtig. Insgesamt bestehen 9 Gruppen, aufgeteilt nach Alter und Interessen. www.jdav-augsburg.de

Ferienangebot der Stadt

Unter www.tschamp.de → Angebote → Sport findet man das Ferienprogramm der Stadt, u. a. mit Schnupperklettern und Kletterkursen.

Kletteranlagen
Klettercenter DAV Augsburg

Ilsungstr. 15b, Betreuer: Oliver Bader, Tel. 0821/5 89 40 79, www.alpenverein-augsburg.de → Kletteranlage
Straßenbahnlinie 2, Haltestelle „Siemens", 5 Gehminuten

Ausstattung: 800 qm Indoor- und 700 qm Outdoorbereich, Boulderflächen, 12 m Wandhöhe, 150 Routen in allen Schwierigkeitsbereichen, Kletterkurse, Klettershop, Familienangebote und eigene Jugendabteilung JDVA.

Die großen Außenanlagen des Klettercenters des DAV Augsburg in Haunstetten

Öffnungszeiten: Mo–Fr 13–22 Uhr, Do ab 9.30 Uhr, Sa–So 10–22 Uhr, Feiertage bitte vorher anfragen;

Sportkreisel

Eberlestr. 29, Tel. 0821/5 08 98 71, www.sportkreisel.de
Straßenbahnlinie 3, Haltestelle „Eberlestr.", oder Buslinie 35, Haltestelle „Kirchbergstr."

Ausstattung: 500 qm Indoorbereich, 110 qm Boulderbereich mit geschlossener Absprungmattenfläche, 7 m Wandhöhe, Routenlängen bis zu 10 Me-ter, alle Schwierigkeitsgrade, spezielle Trainingsgeräte, Kurse und Fahrten.

Öffnungszeiten: Mo–Fr 9–22.30 Uhr, Sa 14–19 Uhr, So und Feiertagen 10–18 Uhr;

TVA Kletteranlage

Gabelsberger Str. 64, Tel. 0821/57 37 15, www.tvaugsburg.de
Straßenbahnlinie 1, Haltestelle „Burgfrieden", oder Straßenbahnlinie 3, Haltestelle „Wertachbrücke", jeweils 10 Gehminuten

Ausstattung: 310 qm Indoorbereich, 150 qm Boulderbereich, 9 m Wandhöhe, 15 Routen, leichte und steile Schrägen, Überhänge, Kamin und Dach.

Öffnungszeiten: Mo–Fr 9–22 Uhr (Di, Do bis 22.30 Uhr) Sa, So 10–18 Uhr

Klettern im Altmühltal

In Konstein, nördlich von Augsburg im Naturpark Altmühltal, lässt es sich fast ganzjährig am Felsen klettern (Routen der Schwierigkeitsstufen 1 bis 10). Mehr Infos sind in der Broschüre „Klettern im Naturpark Altmühltal" zusammengefasst, die unter www.naturpark-altmuehltal.de kostenlos bestellt werden kann.

easy living/KAROCARD-Partner

• Bergsporthütte Augsburg
• TV Augsburg
Details unter www.easy-living-online.de oder www.karocard.de

Lifetime-Sport – ab 3 Monaten bis ins hohe Alter!

Schwimmen ist eine der gesündesten Sportarten, macht schlank und auch bei Übergewicht oder Gelenkproblemen kein Problem. Schwimmer fühlen sich wohl in ihrem Körper, können Stress und Anstrengungen leichter bewältigen. Man muss kein Leistungssportler sein, um ein- bis zweimal die Woche 200 bis 1.000 Meter zu schwimmen.

Schwimmen als Leistungssport im Verein

Ansprechpartner
Der Bayerische Schwimmverband, Bezirk Schwaben, bietet auf seiner Website www.bsv-schwaben.de Infos, Termine und Links zu allen Vereinen in der Region. Kontakt: Rudolf Huber, Haunstetter Str. 159b, 86161 Augsburg, Tel. 0821/59 28 28, vorsitzender@bsv-schwaben.de.

SCHWIMMEN IM VEREIN
Adressen und Details → S. 130 ff.
TSV Haunstetten
FC Haunstetten
Post SV Telekom Augsburg
SB Delphin 03 Augsburg
SV Augsburg 1911

Volkshochschule Augsburg
Die VHS Augsburg bietet u. a. Schwimmkurse, Spielschwimmen und Wassergymnastik an. Tel. 0821/50 26 50, www.vhs-augsburg.de

Ferienangebot der Stadt
Unter www.tschamp.de → Angebote → Sport findet man das Ferienprogramm Tschamp mit Schwimmkursen für Anfänger und Fortgeschrittene.

Schwimmen für Anfänger
Für das Schwimmen für Anfänger ohne Schwimmkenntnisse kann man jeden Verein empfehlen. Ansprechpartner bitte bei den Geschäftsstellen telefonisch erfragen:

- FC Haunstetten: Tel. 0821/81 32 51
- Post SV Telekom: Tel. 0821/44 22 44
- SB Delphin 03: Tel. 0821/71 12 97
- SV Augsburg: Tel. 0821/5 67 86 37
- TSV Haunstetten: Tel. 0821/81 10 99

BRK Wasserwacht und DLRG
Das Bayerische Rote Kreuz, Kreis-Wasserwacht Augsburg-Stadt (BRK), und die Deutsche Lebens-Rettungs-Gesellschaft, Kreisverband Augsburg/Aichach-Friedberg (DLRG), sind nicht nur in der Rettung aktiv.

Rettungsschwimmkurse bei der DLRG

Unter www.wasserwacht-bayern.de/augsburg-stadt bzw. www.augsburg.dlrg.de kann man sich über das breite Angebot informieren: (Rettungs-)Schwimmkurse, Erste-Hilfe-Ausbildung, Jugendarbeit, Breitensport, aber auch Erwachsenen-Anfängerkurse werden angeboten.

Gute Anlaufstelle sind die Geschäftsstellen. BRK: Berliner Allee 50a, 86153 Augsburg, Tel. 0821/32 900-800. DLRG: Friedberger Str. 18, 86161 Augsburg, Tel. 0821/65 06 50.

Schwimmschule Flipper

Die Schwimmschule Flipper bietet Baby- (ab etwa 3 Monaten), Spiel- (1 bis 4 Jahre), Kinder- (ab 4 Jahren) und Erwachsenen-Schwimmkurse für Anfänger und Fortgeschrittene sowie Aquawellness für Schwangere an. Kontakt: Landgerichtstr. 11, 86199 Augsburg, Tel. 0821-96 224, www.schwimmschule-flipper.de.

Positive Effekte fürs Kind: Babyschwimmen

Schwimmschule Orca

Die Schwimmschule Orca bringt Kindern und Erwachsenen mit Spiel und Spaß die Freude am Schwimmen näher, u. a. mit Kinder-, Erwachsenen-, Fortgeschrittenen- und Spezialkursen sowie Aquafitness und Aquajogging. Kontakt: Bahnhofstr. 29, 86438 Kissing, Tel. 08233/7 39 51 62, www.schwimmschule-orca.de

Unterwasserrugby

Rugby unter Wasser kann man beim
Tauchsportclub Neptun trainieren.
Dabei kämpfen zwei Mannschaften in
3–4 m Tiefe mit Tauchmaske, Schnor-
chel und Flossen bewaffnet um Tore.

Mannschaft des TSC Neptun

Klingt gefährlicher, als es ist, macht viel
Spaß und ist eine der wenigen Sportarten, bei denen Frauen und Männer in
einer Mannschaft spielen. Bei Interesse
im Training vorbeikommen, Nachwuchs
und Anfänger sind herzlich willkommen! www.tsc-neptun.de

Wasserball

Ansprechpartner beim SV Augsburg
für Wasserball ist Martha Goebel, Tel.
0821/56 37 93, wasserball@sv-augs-
burg.de, www.sv-augsburg.de.

Synchronschwimmen
und Wasserspringen

Der SB Delphin 03 trainiert diese Disziplinen in Augsburg. Ansprechpartner

für das Kunstschwimmen ist Johanna
Birkmaier (Tel. 089/85 63 91 93) und für
das Wasserspringen Wolfhart Binding
(Tel. 08231/23 02).
www.delphin-augsburg.de

Generation 50+

Die Haunstetter Schwimmabteilungen
(TSV und FC Haunstetten) haben
für Frauen und Männer ab 50 Jahren
Wassergymnastik im Angebot.
www.sghaunstetten.de

Gehandicapte

Die Vitalsportgemeinschaft Haunstetten-Königsbrunn – Behinderten-
und Rehasport hat Aktivitäten für
Behinderte im Programm, z. B. eine
Schwimmgruppe für jugendliche
„Rollis", Kinderschwimmen und Was-
serspiele (Behinderte und Nichtbehin-
derte). Ansprechpartner: Ilse Brixel, Tel.
08231/17 84, vorstand@vitalsport.de,
www.vitalsport.de

Schwimmen und Aquatraining:
Dem Alltagsstress im Wasser entschweben

„Ob im Freibad, im Baggersee, im Meer oder in der Gegenstromanlage von Hessingpark-Training – Schwimmen und Aquagymnastik sind ideale Sportarten, um dem Alltagsstress zu entschweben", meint Steffen Rodefeld. Der Dipl.-Sportwissenschaftler, der bei Hessingpark-Training Experte für die Erstellung persönlicher Trainingspläne ist, achtet darauf, dass das Training im „feuchten Element" nicht zu kurz kommt.

Wasser gibt Auftrieb

Für Patienten nach Hüft- oder Knieoperationen, mit Gelenkproblemen, Rheuma oder anderen degenerativen Erkrankungen des Skelett- und Muskelsystems ist die konsequente Rehabilitation im Bewegungsbad längst Standard. Die Tragkraft des Wassers gibt buchstäblich Auftrieb, entlastet Muskeln, Gelenke, Sehnen und Bänder, aber auch die inneren Organe. Durch die Verringerung des Körpergewichts im Wasser werden zudem das Herz und der Kreislauf weniger belastet als z. B. beim Joggen, was Schwimmen auch für Patienten mit Herz-Kreislauf-Problemen zu einer empfehlenswerten Sportart macht.

Regelmäßig ab ins Wasser

Wie bei allen anderen Sportarten gilt auch für das Schwimmen oder die

Foto: Hessingpark-Clinic

Aquagymnastik: mäßig, aber regelmäßig – das bringt den besten Erfolg für Fitness und persönliches Wohlbefinden. „Wer nicht nur zur Entspannung seine Bahnen zieht, sondern seine körperliche Leistungsfähigkeit verbessern oder vielleicht abnehmen will, der sollte allerdings vier- bis fünfmal die Woche mit einer Intensität von 80 % der Leistungskapazität schwimmen", rät der Fachmann. Generell gilt, dass man sich für Schwimmen, Aquajogging, Aquagymnastik & Co. ausreichend Zeit nehmen sollte, um die zahlreichen positiven Effekte auf Körper und Geist auch voll genießen zu können.

Foto: Hessingpark-Clinic

Weitere Informationen unter:
Hessingpark-Clinic GmbH,
Hessingstr. 17,
86199 Augsburg
Tel. 0821/909-90 00, Fax -90 01
contact@hessingpark-clinic.de
www.hessingpark-clinic.de

Übersicht und Öffnungszeiten der Hallenbäder in und um Augsburg

Übersichtskarte ➜ Buchende   Die Augsburger Hallenbäder bieten eine Vielzahl von Angeboten für Jung und Alt. Sie sind gut mit dem ÖPNV zu erreichen und haben bis auf das Stadtbad kostenlose Parkplätze. Kassenschluss ist eine Stunde vor Ende der Öffnungszeit. Die Geldwertkarten sind gültig für alle Bäder (Wert: 11, 29, 60, 190 Euro; Preis: 10, 25, 50, 150 Euro). Hotline für alle Bäder: 0821/324-9779, www.augsburg.de ➜ Sport und Freizeit

Stadtbad
Leonhardsberg 15, Stadtmitte
Tel. 0821/324-97 79
Straßenbahnlinie 1, Buslinien 22, 23, 35,
Haltestelle Pilgerhausstr.

- Warmbad mit ständig 28,5 °C Wassertemperatur
- Mi Kindernachmittag 14–17 Uhr mit Spielgeräten im Becken

Preise
- 4 Euro, ermäßigt 2,40 Euro
- Familienkarte 6,70 Euro
- günstiger Morgen- und Feierabendtarif (Mo–Fr 2,40 Euro)

Spickelbad
Siebentischstr. 4, Tel. 0821/324-98 30
Buslinien 23, 26, 32, Haltestelle Localbahn

- Warmbadetag: Di
- Mo, Mi und Do Frühschwimmen zum günstigen Abendkartentarif
- Lehr- und Vario-Sportschwimmbecken (mit Hubboden)

Preise
- 3,40 Euro, ermäßigt 1,80 Euro
- Familienkarte 5,50 Euro

Hallenbad Göggingen
Anton-Bezler-Str. 2, Tel. 0821/324-98 64
Straßenbahnlinie 1,
Haltestelle Rathaus Göggingen

- Warmbadetag: Fr, Sa, So
- Kinderbecken mit Wasserrutsche
- Sportschwimmbecken mit 1-m- und 3-m-Sprunganlage
- Babyschwimmen

Preise
siehe Spickelbad

Foto: Hallenbad Haunstetten

Hallenbad Haunstetten

Tel. 0821/324-97 94
Johann-Strauß-Str. 1a
Buslinien 34, 39
Haltestelle Johann-Strauß-Str.

- Warmbadetag: Mi
- Di und Do günstiger Frühschwimmer-tarif
- Kinderbecken
- Sprungbecken mit 1-m, 3-m, 5-m-Brett
- Sportschwimmbecken
- Aquagymnastik (Mi 9, 10, 11 Uhr)
- Aquajogging Fr 18, 19 Uhr
  (5 Euro inkl. Eintritt)
- Kindergeburtstage

Preise
siehe Spickelbad

Hallenbäder im Umland
Gartenhallenbad Stadtbergen
Beim Hallenbad 1, Tel. 0821-4 33 91 90
Straßenbahnlinie 3, Haltestelle Stadt-berger Hof, www.stadtbergen.de

- Warmbadetag Mi: 30 °C (plus 1 Euro)
- Aquajogging Mi 19-20 Uhr, 20-21 Uhr
  (10 x für 40 Euro plus Eintritt)
- Senioren-Wassergymnastik, Fr 10–11 Uhr und 11–12 Uhr
- Sommerbetrieb von Mitte Mai bis Mitte September (Liegewiese!)
- ab 0,25 Euro pro halbe Std.
- Familienkarte 3 Std. 9 Euro
- Sommerbetrieb: bei möglicher Liege-wiesennutzung gilt ohne Zeitbegren-zung: Erw. 4 Euro, Kinder 1,50 Euro

Hallenbad Gersthofen
Brucknerstr. 1a, Tel. 0821/49 70 88-34
Buslinien 52, 54, Haltestelle Bruckner-str., www.gersthofen.de

- täglich Warmbad mit 28 °C
- Sauna im Haus (extra Eintritt)
- Erwachsene 2,50 Euro
- Jugend/Schüler 1,50 Euro
- Familienkarte für 1 Jahr: 95 Euro

ÖFFNUNGSZEITEN DER HALLENBÄDER IN UND UM AUGSBURG

Hallenbad	Mo	Di	Mi	Do	Fr	Sa	So
Stadtbad	8.00–19.00w	8.00–19.00w	8.00–21.00w	8.00–21.00w	8.00–21.00w	8.00–20.00w	8.00–18.00w
Spickelbad	6.30–17.00	8.00–21.00w	6.30–18.00	6.30–21.00	6.30–18.00	8.00–17.00	8.00–12.00
Hallenbad Göggingen	–	10.00–21.00	10.00–19.00	8.00–18.00	8.00–21.00w	8.00–19.00w	8.00–19.00w
Hallenbad Haunstetten	–	6.30–19.00	8.00–21.00w	6.30–17.00	12.00–21.00	8.00–21.00	–
Gartenhallenbad Stadtbergen	–	8.00–21.00	8.00–20.00w	8.00–18.00	12.00–21.00	9.00–18.00	9.00–18.00
Hallenbad Gersthofen	–	8.00–21.00w	8.00–21.00w	8.00–21.00w	8.00–21.00	8.00–17.00w	8.00–12.00w

Von Mai bis einschließlich September sind die Hallenbäder zeitweise geschlossen. Mit Ausnah-me der Samstage, Sonntage und der Warmbadetage kann auch Schulschwimmunterricht statt-finden. Öffnungszeiten an Feiertagen und bei Veranstaltungen werden in den Bädern durch Aushang bekannt gegeben. Alle Angaben auf dieser Seite: Stand 3/2007   w Warmbadetag

In Thermen und Saunen Körper und Geist entspannen

Übersichtskarte ➜ Buchende
Mit ruhigen Bewegungen die entspannende Eigenschaft des Wassers nutzen: Dehnübungen, Massagen und Gelenkmobilisation. Dabei ist eine Wassertemperatur von 32 °C und mehr erforderlich. Saunagänge mit anschließendem Abkühlen und Ruhen fördern die Abwehrkräfte und garantieren beste Entspannung.

Foto: Titania Therme

Innen- und Außenbereich-Sauna

Das Saunadorf bietet eine enorme Vielfalt, gruppiert um den Saunasee mit Grotte befinden sich u. a.:
- finnische Sauna im Blockhaus
- osmanisches Dampf- und Hamambad
- sibirische Biosauna
- trockene Kräutersauna
- Wärmebad mit Kneippbecken
- lichtdurchflutete Ruhebereiche
- indianische Kivasauna
- Saunaschule (Info: 0821/45 44 03-0)

Titania-Therme
Birkenallee 1, 86356 Neusäß, Tel. 0821/45 44 03-0, www.titania-therme.de

Ganz gleich, ob Sie nur abschalten wollen oder sich mit sanftem Health- und Fitnessprogramm wieder in Form bringen wollen, die Titania-Therme bietet ein besonderes Wasservergnügen für den gehobenen Anspruch. Kinder finden auf ihrer Entdeckungsreise eine Vielzahl von Attraktionen rund ums Wasser. Das Saunaparadies bietet Ruhe und Entspannung.

Öffnungszeiten und Termine
- Sauna/Therme: täglich 9.30–23 Uhr
- Morgenschwimmen im Sportbecken: Mo–Fr 8–9.30 (außerhalb der Ferien und Feiertage: 3, ermäßigt 1,50 Euro)
- Fr 20–24 Uhr textilfreies Schwimmen
- jeden ersten Fr im Monat „lange Saunanacht" bis 1 Uhr nachts

Ermäßigungen
Diverse Clubkarten bis zu 50 %, easy living/KAROCARD bis zu 15 % Ermäßigung, Familienkarten etc. erhältlich.

Sportbad-Erlebnisbad
Spezielle Angebote, u. a.:
- Aquajogging
- Wassergymnastik
- Schwimmkurse
- Seniorentag
- Kindergeburtstage
- Familienfeste
- Rettungsschwimmausbildung
- Gastronomie

STANDARDTARIFE THERME		
Zeit	Erwachsene	Kinder (5–15)
2 Std.	12,50 €	7,50 €
4 Std.	14,50 €	9,50 €
Tag	16,50 €	11,50 €

STANDARDTARIFE THERME + SAUNA		
Zeit	Erwachsene	Kinder (5–15)
2 Std.	18,50 €	13,50 €
4 Std.	20,50 €	15,50 €
Tag	22,50 €	17,50 €

Königstherme

Königsallee 1, 86343 Königsbrunn
Tel. 08231/96 28-0,
www.koenigstherme.de

Die Königstherme steht unter dem-
selben Management wie die Titania-
Therme, Öffnungszeiten und Tarife
siehe dort. Das Angebot ist ebenso
luxuriös, zusätzlich gibt es eine Damensauna und als besonderes Highlight
den „Soletempel" mit Unterwasser-
musik: Die Salzkonzentration und die
Musik beruhigen und entspannen das
vegetative Nervensystem.

Saunen in und um Augsburg (Auswahl)

Sauna im Stadtbad

Leonhardsberg 15, Tel. 0821/324-9/83

Schön renoviertes, römisch-irisches
Schwitzbad aus dem Jahr 1903!
- Öffnungszeiten: Mo 13–22 Uhr, Di–Fr
  10–22 Uhr, Sa 10–20 Uhr, So 8–18 Uhr
  (bitte Sommerpause Juli bis Mitte
  September beachten); Di Damensauna
- Preise (inkl. Bad): 5 Std. 11 Euro, Tages-
  karte 17 Euro; Mo–Fr bis 15 Uhr 5 Std.
  nur 9 Euro

Verwöhn-Tipp Neben Bad und Sauna
gibt es auch ein Café
sowie Wellnessangebote (Massagen,
Kosmetik, Verwöhnpakete). Mehr unter
www.wellness-cafe-im-alten-stadtbad.de
oder Tel. 0821/31 27 67 (Mo–Fr 9–15 Uhr).

Saunawelt (früher: Schwaben Sauna)

Yorckstr. 26, Lechhausen, Tel. 0821/
79 16 62, www.saunawelt-augsburg.de

Finnische Sauna, Vital- und Dampf-
sauna, Solarium, Massage u. v. m.
- Öffnungszeiten: Mo 14-22 Uhr, Di, Do-
  Sa 13–22 Uhr, Mi Damensauna 9–21
  Uhr, So 11–18 Uhr; Preise: Einzelkarte
  ohne Zeitbegrenzung: 11 Euro

Einsteiger-Tipp Schnupperpreis für
Neukunden: 11 Euro
für 2 Personen

Saunapark Bobingen

Parkstr. 7, Bobingen, Tel. 08234/26 97,
www.saunapark-bobingen.de

5 finnische Saunen, 2 Dampfgrotten,
Wellnessmassagen und Saunabistro
- Öffnungszeiten: Mo/Di/Do 13–23
  Uhr, Mi 9–23 Uhr, Fr 9.30–23 Uhr, Sa
  9.30–22 Uhr, So 9.30–19 Uhr
- Preise: Einzelkarte ohne Zeitbegren-
  zung (inkl. Aquamarinbad) 14 Euro,
  Mondscheintarif ab 20 Uhr: 11 Euro)

Baden unter freiem Himmel –
Augsburgs Freibäder

Übersichtskarte ➜ Buchende Die Freibäder sind in der Regel vom 1. Mai bis zum 30. September geöffnet. Die Geldwertkarte ist auch in den städtischen Sommerbädern gültig. Parkplätze sind vorhanden.

Hinweis zu den Öffnungszeiten: Da die Öffnungszeiten der Sommerbäder je nach Monat variieren (im Juni länger offen als Anfang September) und dazu noch vom Wetter abhängen, sind die Angaben als Richtwerte zu verstehen. Zu Saisonende im September sind z. B. das Familienbad, das Freibad Bärenkeller und das Fribbe bei geeignetem Badewetter meist nur von 11 bis 19 Uhr geöffnet.

Hotline für alle Bäder: 0821/324-9779, www.augsburg.de ➜ Sport und Freizeit

Familienbad am Plärrer

Schwimmschulstr. 5
Tel. 0821/324-98 53
Straßenbahnlinie 4, Haltestelle Plärrer

- Wassertemperatur 23 °C
- Schwimmerbecken
- Riesenrutsche und Steilrutsche
- Kinderbecken mit Rutsche
- Babybecken mit Elefantenrutsche
- große Liegewiese mit altem Baumbestand, Spielplatz, Kiosk
- Trampolinanlage gegen Gebühr
- abends Kino, www.lechflimmern.de

Preise & Öffnungszeiten

- 3,40 Euro, ermäßigt 1,80 Euro
- Familienkarte 5,50 Euro
- Mo–Fr Abendtarif: 2,40 Euro
- Mitte Mai bis Anfang September täglich ca. 9–20 Uhr

Tipp Die großen Liegewiesen und Bäume bieten nach der Arbeit (Abendtarif!) viel Ruhe und Erholung.

Foto: Stadt Augsburg

Bärenkellerbad

Oberer Schleisweg 15
Tel. 0821/324-98 40
Buslinie 21, Haltestelle Falkenweg

Foto: Stadt ...

- 50-m-Sportschwimmbecken
- Schwimmbecken 23 °C mit Erlebnisrutschen für Groß und Klein
- Kinderbecken 28 °C mit Wasserattraktionen
- Spielplatz, Sportbereich mit Basket-, Volley- und Fußball
- Kiosk

Preise & Öffnungszeiten

siehe Familienbad am Plärrer

Tipp Am Wochenende früh kommen, da das Bad sehr beliebt ist!

Stand: 3/2007

Fribbe (Spickelbad)

Siebentischstr. 4
Tel. 0821/324-98 32
Buslinien 23, 26, 32, Haltest. Localbahn

- 300 m lange Schwimmstrecke im Kaufbach mit Wasserfall (wegen Strömung für kleine Kinder ungeeignet)
- Mai–Juli kombiniert zu nutzen mit dem Hallenbad
- Spiel- und Sandplatz, Sportbereich
- Beach-Volleyball-Anlage, Kiosk

Preise & Öffnungszeiten

- siehe Spickelbad Seite 98
- im August (Halle geschlossen) 2,40 Euro, ermäßigt 1,20 Euro
- Familienkarte 4,30 Euro
- Mo–Fr Abendtarif 1,60 Euro
- geöffnet Mitte Mai bis Anfang September täglich 10-20 Uhr

Tipp Wegen des kühlen Kanalwassers (16–21 °C) ist das Bad besonders an heißen Tagen sehr erfrischend.

Lechhauser Bad

Lechhauser Str. 34, Tel. 0821/324-97 92
Straßenbahnlinie 1 und Buslinien 22, 23, Haltestelle Berliner Allee

- gebührenfrei!
- Schwimmbecken unbeheizt
- Kinderplanschbecken
- Liegewiese, Kiosk
- geöffnet Ende Mai bis Ende August täglich ca. 11–19 Uhr

Naturfreibad Haunstetten

Postillonstr. 1
Straßenbahnlinie 3, Haltestelle Inninger Str. oder Buslinien 34, 39, Haltestelle Hirsestr.

- gebührenfrei!
- kein Telefon, ohne Aufsicht
- Badesee (0,30–7 m) mit Insel
- Nichtschwimmerbereich
- Liegewiese mit Kiosk
- Spielplatz, Beach-Volleyball-Feld
- geöffnet 1. Mai bis 30. September täglich ca. 8–20 Uhr

Gartenhallenbad Stadtbergen

(→ Hallenbäder Seite 98 f.)

Tipp Das Bad bietet im Sommer ein schönes Freigelände.

Gerfriedswelle Gersthofen

Sportallee 24, Tel. 0821/47 17 00
Buslinien 51, 52, 54, Haltestelle Gerfriedswelle

- Sportbecken mit Sprungturm
- Wellenbecken und Erlebnisbucht mit Wasserfall und Wilwasserkanal
- Sprudelliegen mit Massagedüsen
- Kinderwasserwelt
- Beach-Volleyball, Fußball, Kiosk

Preise & Öffnungszeiten

- Erw. 4 Euro, Jugend/Schüler 3 Euro
- Kurzzeittarif ab 17 Uhr 2 Euro
- Mai/Sep 9-19 Uhr, Jun–Aug 9–20 Uhr

Tipp Alle Becken sind beheizt, daher auch bei kühleren Temperaturen empfehlenswert.

Die größten Badeseen in und um Augsburg

Augsburg gehört mit ca. einem Drittel an Grün- und Waldflächen zu den grünsten Großstädten Deutschlands. Die Wertach- und Lechufer mit schönen Kiesbänken sowie die zahlreichen Badeseen in der Umgebung bieten an heißen Tagen (FKK-) Sonnenbaden und Wasserspaß für jedermann. Viele Radwanderwege sorgen dabei für eine problemlose Anreise.

Auskunft zur Anfahrt mit ÖPNV
- AVG (Stadtwerke): Tel. 0821/324-58 88 (Mo–Fr 7–18, Sa 9–13 Uhr)
- AVV (Regionalbusse): Tel. 0821/ 15 70 00 (Mo–Do 7–18, Fr 7–19, Sa 7–15, So u. Feiertage 10–18 Uhr)

Gesundheit und Hygiene
Die Badeseen liegen allesamt in Naherholungsgebieten und sind von ca. Mai bis Ende September zugänglich. Sie stehen unter strenger Aufsicht durch das Gesundheitsamt. Ist die bakteriologische Belastung zu hoch, so ergeht Badeverbot.

Tipp Aktuelle Informationen zu Hygiene, Trinkwasser, Badeseen unter www.augsburg.de ➜ Gesundheit und Verbraucherschutz

Kuhsee
Hochzoll nahe Hochablass, Oberländerstr., ab Königsplatz Buslinie 23, Haltestelle Hochzoll/Kuhsee

In dem Naturschutz-Waldgebiet, das der Lech durchfließt, befindet sich der Kuhsee als regionaler Freizeitmagnet. Geringe Wassertiefe und schöne Spielplätze machen den See besonders für Familien mit kleinen Kindern attraktiv. Grillplatz, Ruderbootverleih, WC, Kiosk, Wasserwacht, Parkplätze. Ganz in der Nähe: Hochablass mit Lechauen. Nicht weit vom Zoo und Botanischen Garten entfernt.

Eiskanal/Neubach/Hauptstadtbach
Friedberger Str., Spickel
Zwar kein Badesee, aber auch zum Baden geeignet: Am Eiskanal zweigt der Neubach ab, der in den Hauptstadtbach mündet (läuft parallel zur Friedberger Str.). Hier gibt es viele Einstiegsstellen mit kleinen Leitern ins Wasser. Tipp: sich einfach flussabwärts treiben lassen und genießen (Badeschuhe empfehlenswert).

Friedberger Baggersee
Buslinie 36; Friedberger Str. (B 300) stadtauswärts bis zur Lechhauser Str., dann in die Seestr. abbiegen

Friedberger Baggersee · Foto: EVA AV

Wegen der Wasserskianlage inkl. Schanzen eine besondere Attraktion. Große Spielwiesen bieten ein umfangreiches Freizeitprogramm. Ab der Badesaison 2007 ist das Grillen auf fest installierten Grillplätzen erlaubt. WC- und Duschanlagen sind wie Liegewiesen, Kiosk, Café und Parkplätze vorhanden (Discothek Tropicana).

Autobahnsee

Mühlhauser Str., Autobahnausfahrt
Augsburg-Ost

Schöne Liegewiesen, Grillplatz, Kiosk,
WC, Aufsicht, Parkplätze.

Kaisersee

Privatsee am Flugplatz, keine behörd-
liche Aufsicht, teilweise FKK.

Bergheimer Baggersee

Diebelbachstr., Straßenbahnlinie 1 bis
Göggingen Rathaus, dann Buslinie 38
bis Haltestelle Bergheimer Baggersee

Rasenflächen, Jugendspielplatz, Tischtennis, Parkplätze, Aufsicht, WC.

Seen im Umland

Mandichosee (Lechstaustufe 23)

Größter See in Augsburgs Nähe (Königsbrunn), am schönsten per Rad am
Lech entlang erreichbar. Tipp für Wind-
surfer und Segler, großer Spielplatz mit
Wikingerschiff u. v. m.

Ilsesee

Lechstr., Königsbrunn
Sehr schöner Badesee mit guter Infrastruktur: Wasserwacht, Parkplätze,
Beach-Volleyball, Sporttauchen (nicht
in Hauptzeit Badesaison), Grillplatz.

Tipp Ausflug in das nahe gelegene
Schutzgebiet Königsbrunner
Heide. Sehr gut mit dem Rad durch den
Siebentischwald zu erreichen.

Rothsee

Zusmarshausen, AVV-Bus 506
Idyllisch gelegen, Spielplatz, Toiletten,
Umkleidekabinen und Wasserwacht.

Auensee (FKK, Vogelschutzgebiet)

Sauberer türkisfarbener Baggersee,
im ruhigen Waldgebiet nahe der
Lechstaustufe an der Fohlenhofstr. (von
Augsburg aus B 2, in Kissing am ersten
Kreisverkehr rechts über die Bahnüber-
führung).

Weitmannsee

Schöner, sauberer Badesee mit großer
Liegefläche und Kinderbecken. Restaurant am See (von Augsburg aus B 2,
geradeaus durch Kissing, gegen Ende
an Tankstelle rechts abbiegen, Bahn
überqueren, ein Stück durch den Wald,
links in großen Parkplatz).

Tipp Der Radwanderweg am Lech
entlang führt zu beiden Kissinger Seen. Die Kissinger Heide (nahe
Weitmannsee) ist einen Ausflug wert.

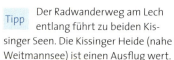

Wassersport in und um Augsburg

Segeln und Surfen

Als Mitglied in einem Segelverein kann man in der Regel an Segelkursen und Veranstaltungen teilnehmen und die Vereinsschiffe nutzen.

SEGELN UND SURFEN IM VEREIN Adressen und Details ➔ S. 130 ff.
Augsburger Segler-Club
Augsburger Yacht-Club
MBB-SG Augsburg
Segelgemeinschaft Augsburg
Surf Club Augsburg
Zirbelnuß-Segelclub Augsburg

Zum Beispiel hat die MBB-Sportgemeinschaft zwei Vereinsjollen an der Lechstaustufe 23, ein Kajütboot am Ammersee und eine Charter-Segelyacht in Kroatien. Mehr Infos unter http://segeln.mbb-sg.de .

Segeln am Ammersee

Der Augsburger Segler-Club und die Segelgemeinschaft Augsburg unterhalten am Ammersee (in Utting bzw. St. Alban) jeweils ein eigenes Vereinsheim und mehrere Segelschiffe. Mehr Infos unter www.asc-utting.de bzw. www.sga-online.de.

Eine Übersicht kommerzieller Bootsverleiher findet man unter www.ammersee-region.de/boot.

Wind- und Kitesurfen auf der Lechstaustufe 23

Obwohl die Lechstaustufe 23 (auch Mandichosee genannt) nicht immer vom Wind verwöhnt wird, haben viele ihren Spaß in diesem Revier. Der Surf Club Augsburg hat dort ein eigenes Clubgelände, Leihmaterial und Liegeplätze. Mehr unter www.surf-club-augsburg.de.

Wind- und Kitesurfkurse bietet das Surf-Snowcenter an: Georg-Brach-Str. 4 1/2, Tel. 0821/51 95 17, www.surf-snowcenter.de.

Tauchen

Als Mitglied in einem Tauchverein kann man an Tauchkursen und Veranstaltungen teilnehmen, Tauchgeräte nutzen sowie Tauchflaschen befüllen.

TAUCHEN IM VEREIN Adressen und Details ➔ S. 130 ff.
Deutsche Lebens-Rettungs-Gesellschaft (DLRG)
Tauchclub Aquarius Augsburg
Tauchclub Grundler
Tauchclub Würfelqualle
Tauchsportclub Augsburg
Tauchsportclub Big-Blue
Tauchsportclub Neptun
Tauchsportverein Marlin Augsburg
Wassersportvereinigung „Die Untertaucher"

BRK Wasserwacht und DLRG

Unter www.wasserwacht-bayern.de/augsburg-stadt bzw. www.augsburg.dlrg.de kann man sich über Eistauchen, Tauch- und Rettungstauchausbildung und mehr informieren.

Jugendausbildung beim TSC Neptun

Übersichten Tauchplätze

www.dive-links.com, www.tauchseen-portal.de

Autobahnsee

Hier hat der Tauchclub Aquarius zusammen mit dem Tauchsportclub Neptun ein gemeinsames Vereinsheim.

Friedberger See

Nach Vorlage des Tauchbrevets und Tauchattests kann man am Friedberger See von Mai bis September tauchen (Tiefe max. 15 Meter). Unter Einhaltung der internationalen Tauchregeln erhält man eine Taucherlaubnisplakette (Terminvereinbarung notwendig).
Mehr Infos an der Wasserskianlage (siehe Wasserski) oder bei Activ Sport, www.activ-sport.de, Tel. 09071/72 88 44 oder 0170/3 11 76 83.

Ilsesee

Der Ilsesee bei Königsbrunn (Tiefe max. 15 Meter) bietet schönen Bewuchs und großen Fischbestand (Aale, Flussbarsche, Hechte und Karpfen). Hinweis: Sporttauchen ist nur im Sommerhalbjahr (15. März–31. Oktober) erlaubt. Aber Sa ab 11 Uhr sowie So und Feiertage verboten.

Der Tauchclub Würfelqualle bietet regelmäßige Tauchtreffs an; Termine unter www.aquaterra-augsburg.de.

Wakeboard und Wasserski
Friedberger Baggersee

Eine beliebte Attraktion in Friedberg bei Augsburg ist die Wakeboard- und Wasserskianlage „chill & wake" am Friedberger See. Zur Auswahl stehen Wasserski, Wakeboard, Wakeskate, Paar-/Monoski, Trickski oder Kneeboard. Länge 900 m, erreichte Geschwindigkeit zwischen 30 und 49 km/h.

Ausrüstung: Kann man sich direkt am Lift ausleihen. Einige Sportgeräte sind bereits im Liftpreis inbegriffen. Wer bei kühleren Temperaturen einen Neoprenanzug benötigt, erhält diesen gegen Aufpreis zur Liftkarte dazu (alles direkt vor Ort). Eine Stundenkarte kostet ab 8 bzw. 11 Euro (Kinder/Erwachsene).

Öffnungszeiten (Stand: 2007): April und September tägl. 12–18 Uhr, Mai–August tägl. 12–19 Uhr (April und bis Mitte Oktober nur am Wochenende, außer bei Temperaturen über 20 °C);

Infos: „chill & wake" Wakeboard und Wasserskilift, Seestr., Friedberg, Tel. 0821/60 27 41 oder 0171/6 42 09 98, www.chill and-wake.de; Buslinie 36

easy living/KAROCARD-Partner
• Ammersee Segelschule Stefan Marx Details unter www.easy-living-online.de oder www.karocard.de

Der Eiskanal in Augsburg:
Üben auf olympischem Terrain

Kanus sind Paddelboote, die entweder mit einem Doppelpaddel (Kajak) oder einem Stechpaddel (Kanadier) gefahren werden. Beides macht Spaß zum Fahren und mit dem Eiskanal, der Olympiastrecke von 1972, haben wir in Augsburg eine optimale Möglichkeit, um diesen Sport und Fahrspaß kennenzulernen.

Checkliste
• Einstiegsalter: 8 Jahre
• Ausrüstung: zum Anfangen und Ausprobieren reichen normale Badesachen

Ansprechpartner
Bayerischer Kanuverband e. V., Bezirk Schwaben, Jugendwartin Marianne Stenglein, Schneefernerstr. 9, 86163 Augsburg, Tel. 0821/66 18 01, jugendwart@bkv-schwaben.de, www.bkv-schwaben.de

| KANUFAHREN IM VEREIN |
| Adressen und Details ➜ S. 130 ff. |
| Augsburger Kajak Verein |
| NaturFreunde Göggingen |
| NaturFreunde Westend-Augsburg |
| TSV 1847 Schwaben (Kanu-Schwaben Augsburg) |
| TV Augsburg |

Kommerzielle Anbieter (Auswahl)
• Kanu-Treff Augsburg, Haunstetter Str. 49, Tel. 0821/58 28 27, www.kanu-treff.de
• Lemmingtours, Neuburger Str. 530, Tel. 0821/3 43 46 40, www.lemmingtours.de
• Rafting Tours Augsburg, Am Eiskanal 30, Tel. 0821/55 00 55, www.raftingcanyoning.com
• fun & style – der Freizeitclub, Tel. 0821/4 53 28 02, www.funandstyle.com
• Rivertours, Polkstr. 2, Tel. 0821/2 42 17 52, www.rivertours.de

easy living/KAROCARD-Partner
• Kanu-Schwaben Augsburg
Details unter www.easy-living-online.de oder www.karocard.de

Ferienangebot der Stadt
Unter www.tschamp.de ➜ Angebote ➜ Sport findet man das Ferienprogramm Tschamp z. B. mit einem Schnupperkurs Kajak am Kuhsee.

Kinder und Jugendlich
... fangen in leichten Gewässern an (Kuhsee, Stadtbach), bis es dann auf die Jugendstrecke des Eiskanals geht.

Kanuwandern
Hier steht das Naturerlebnis im Vordergrund. Auf Flüssen und Gebirgsgewässern werden viele Flusskilometer zurückgelegt. Die VHS Augsburg bietet u. a. Wanderfahrten im schönen Altmühltal an. Tel. 0821/50 26 50, www.vhs-augsburg.de

Rafting
... ist wie Wildwasserfahren, nur eben mit besonderen Booten (den Rafts). Als Wettkampfsport gibt es hier auch Sprint, Abfahrt und Slalom.

Kanuslalom-Olympiastrecke
Bundesleistungszentrum für Kanuslalom und Wildwasser, Am Eiskanal 30a, 86161 Augsburg, Tel. 0821/324-9703

Foto: Christian Sappart

bzw. -9719 (Aufenthaltsraum, Gäste unter dieser Nummer erreichbar), blz.kanu.spba.stadt@augsburg.de

Charakteristik

Das erste Kanuslalomstadion der Welt wurde für die Olympischen Spiele 1972 gebaut. Die Wettkampfstrecke, inmitten des schönsten Naherholungsgebietes der Stadt Augsburg gelegen, ist rund 600 Meter lang und mit künstlichen Betonhindernissen und Wasserabweisern ausgestattet. Die Wasserqualität ist durch den Alpenfluss Lech hervorragend. Die fünf Kanustrecken weisen von leicht bis schwer unterschiedlichste Schwierigkeitsgrade auf.

Nutzungsmöglichkeiten

Die Kanuslalomstrecken sind für alle zugänglich und können außerhalb von Veranstaltungen und organisiertem Hochleistungstraining von jedermann genutzt werden. Tageskarten können an der Strecke gekauft werden.

Weitere Infos

Auskünfte über Kanustrecken (Wasserstand, Befahrbarkeit etc.) unter Tel. 0821/324-9722 sowie www.augsburg. de ➜ Sport und Freizeit ➜ Sportstätten und www.kanuzentrum-augsburg.de

Erreichbarkeit ÖPNV

Buslinien 23 und 26, Haltestelle „Hochzoll Brücke", 10 Gehminuten zur Strecke.

Veranstaltungen

Fast jedes Jahr findet ein Worldcuprennen am Augsburger Eiskanal statt, ein sehenswertes Spektakel.

Tipp Die Herausforderung für alle Sportfans: mit ausgebildeten Bootsführern oder Kajaklehrern in Minirafts eine Fahrt auf dem Eiskanal.
• Rafting Tours Augsburg

Kanu-Museum

Gerd Walter und Erwin Wollenschläger haben im früheren Wettkampfbüro bei den Bootshäusern am Eiskanal Erinnerungsstücke aus der über 80-jährigen Kanuslalomgeschichte von Augsburg zusammengetragen. Terminabsprache für Gruppen unter Tel. 0821/55 68 16.

Der schnellste Mannschaftssport der Welt

Checkliste
- Mindestalter: 3 Jahre
- typische Ausrüstung: Eishockeyschlittschuhe, Helm mit Gitter, Schläger (Kelle mit Schaft), Schulter- und Brustschutz, Ellbogen- und Schienbeinschoner, Tiefschutz, Halskrause, Handschuhe, Hose, Stutzen mit Halter
- sportärztliche Untersuchung zur Abklärung, ob eine Vorschädigung des Herzens vorliegt, (auch bei Freizeitspielern) ratsam
- Eishockeyschlittschuh- und Helmverleih im Curt-Frenzel-Eisstadion

AEV

Augsburger Eislauf-Verein e. V. lautet der Gründungsname des Stammvereins, der immer noch für den Eishockey-Nachwuchs-Betrieb und die „Panthers" zuständig ist. Gegründet 1878 ist er der älteste Eislaufverein Deutschlands. www.augsburger-ev.de

AEV-Kleinstschüler

Im Nachwuchsbereich arbeiten der Stammverein AEV und der Nachbarverein ESV Pinguine Königsbrunn seit der Saison 2005/06 zusammen.

Panther

Die Augsburger Panther sind der Eishockeyclub der Stadt Augsburg. Die Farben des Clubs sind Rot, Grün und Weiß.
Eishalle: Curt-Frenzel-Stadion
Eigentümer: Stadt Augsburg
Adresse: Senkelbachstr. 2, 86153 Augsburg, www.aev-panther.de

Die Panther haben seit der Saison 2005/06 eine Zusammenarbeit mit dem EV Landsberg 2000 vereinbart, sodass Förderlizenzspieler der Panther in Landsberg zum Einsatz kommen sollen.

Infos für Einsteiger

Eishockey kommt aus Kanada, es ist die schnellste Mannschaftssportart der Welt. Zwei Teams (je fünf Feldspieler und ein Torhüter) stehen sich 3 x 20 Minuten gegenüber. Es gilt, die 170 Gramm schwere und acht Zentimeter große Hartgummischeibe ins gegnerische Tor zu schießen.

Die hohe Geschwindigkeit der Spieler auf dem Eis erfordert ein Höchstmaß an Gesundheit und Training: wechselnde Belastungen für das Herz-Kreislauf-System, anaerobe, aber auch aerobe Ausdauer, Schnellkraft und Koordination. Die vielen Sprints und das stete Hin und Her auf der Eisfläche belasten

krockenmitte@photocase.com

den Körper enorm. Es kommt zu einem dauernden Anfall von Laktat (Milchsäure), das dann wieder abgebaut werden muss. In einem normalen Spiel wird ein Spieler nach 60 Sekunden ausgewechselt, selbst die Weltklasse-Eishockeyspieler werden nach maximal zwei Minuten wieder vom Platz genommen. Austrainierte Eishockeyspieler können aber durchaus mehrmals pro Woche auf dem Eis stehen.

Ein Spieler verliert drei bis vier Kilogram Körpergewicht pro Spiel, es muss also auf genügend Flüssigkeitszufuhr geachtet werden.

Foto: DEB e. V.

Trikot der Eishockey-Nationalmannschaft

Einkaufstipp
M&L Rollsport
Jakoberstr. 27, 86152 Augsburg,
www.hockeyworld-augsburg.de

EISHOCKEYVEREINE IN AUGSBURG
Adressen und Details ➜ S. 130 ff.

1. AEV-Fan-Club 1976

Augsburger Eislauf-Verein (AEV)

Eis- und Rollsport Augsburg

Eishockey Club Hornissen

Eishockey-Gemeinschaft Woodstock Augsburg-Bärenkeller

Fußball-Club Haunstetten

Verein Augsburger Feuerwehren

Ansprechpartner
Verband
Deutscher Eishockey-Bund e. V.
„Haus des Eissports", Betzenweg 34,
81247 München, Tel. 089/81 82-0,
www.deb-online.de

Eishockeyschule des AEV
Stefan Kohler, Tel. 0821/3 17 06-45
Der AEV wirbt für Nachwuchs mit dem Slogan „Eishockey ist der schönste Mannschaftssport der Welt!". Jeder Altersklasse stehen qualifizierte Trainer zur Verfügung, Training 2–3 Mal pro Woche, Trainingspläne zum Herunterladen unter www.augsburger-ev.de. Mitgliedsbeitrag 150 Euro pro Jahr. Curt-Frenzel-Eisstadion, Senkelbachstr. 2, 86152 Augsburg, Tel. 0821/3 24-9755. Straßenbahnlinie 4, Haltestelle Brunntal

Tanzen auf Kufen

Der Eiskunstlauf ist eine Ausdauersportart. Die Schlittschuhe haben Kufen aus Edelstahl. Trainiert wird Gleichgewicht, Körperbeherrschung und Koordination.

Checkliste
- Mindestalter: 3 Jahre
- Schlittschuhverleih: 2,50 bis 3 Euro gegen Pfand
- Eintrittspreise ab 1,80 Euro für Kinder bis 14 Jahren bei Publikumslauf (2 Stunden)
- alle Muskelgruppen werden trainiert
- das sanfte Training bedarf guter Atmung an der frischen Luft
- geübte Läufer können ihre Kleidung individuell wählen (ür Kinder und bei der Teilnahme an Eislaufkursen Handschuhe und Mütze vorgeschrieben), Tragen von soliden Hosen und Anoraks wünschenswert
- beim Eislauf bleibt Flüssigkeitsverlust unbemerkt, besonders Kinder sollen ausreichend trinken

---

Freizeitsport
Eislaufbahnen
Auf den Eislaufbahnen werden Kurse angeboten und es gibt feste Zeiten für Publikumslauf (Kinder beginnen zum Teil schon ab 2 Jahren). Dabei halten sich die Geschwindigkeit und damit die Belastung für Atmung und Kreislauf in Grenzen. Gegen mehrmals wöchentliches Laufen über zwei Stunden ist nichts einzuwenden.

Eisflächen im Freien
Bei anhaltender Extremkälte gibt es in Augsburg und Umland zugefrorene Seen und Teiche (Augsburger Kuhsee: Buslinie 23; Utting am Ammersee mit dem Zug von Augsburg Hbf in 45 Minuten zu erreichen u. v. m.). Die Medien geben die Gewässer zum Eislauf frei, wenn es lang genug kalt war (siehe auch Übersichtskarte Badeseen am Buchende).

Leistungssport
Die Weltklasseathleten trainieren in den folgenden Disziplinen: Herren, Damen, Paarlauf, Eistanz und seit 1991 Synchronwettbewerb.

Die Kür: Sprünge wie der Rittberger, der Axel mit 4-facher Drehung, der Salchow; tänzerischer Ausdruck, Balancegefühl, Gleichgewicht.

Der Eistanz: Die Pflichtelemente werden in einem Kurzprogramm vorgeführt. Die früher ungeliebte Pflicht, bei der genau vorgeschriebene Drehungen und Bahnen zu absolvieren waren, ist mittlerweile abgeschafft.

Über die Platzierung entscheidet eine Reihe von Kampfrichtern.

Ansprechpartner
Bayerischer Eissport-Verband e. V., Haus des Sports, Georg-Brauchle-Ring 93, 80992 München, Tel. 089/15 79 92-0, gst@bev-eissport.de, www.bev-eissport.de

Vereine in Augsburg

Anmerkung: Der Augsburger Eislauf Verein (AEV) ist nur für Eishockey zuständig.

Eissport-Verein Augsburg (EVA)
Eislaufschule für Kinder und Jugendliche, www.eissport-verein-augsburg.de

Anmeldung zur EVA-Eislaufschule:
Senkelbachstr. 2, Tel. 0821/31 97-111
Curt-Frenzel-Stadion: Frau Knab
Eislaufhalle Haunstetten: Frau Karg

Ferienkurs beim TSV 1847 Schwaben
Eistanz/-kunstlauf: Heidemarie Haunstetter, Tel. 0821/45 27 97, Marianne Koch, Tel. 0821/52 97 02, eistanz@tsv-schwaben-augsburg.de,

www.eisschwaben.de (Kontakt, Kurszeiten und -preise); Eislauf ab Mitte August bis Mitte März

TSV Haunstetten 1892
Landsberger Str. 3, 86179 Haunstetten, Tel. 0821/81 10 99, Walli Jedelhauser (Eislauf ab Ende September)
www.tsvhaunstetten.de

Oper auf Eis

Veranstaltungs-Tipp Die Eisläufer des TSV 1847 Schwaben führen zusammen mit Künstlern renommierter deutscher Bühnen Opern auf dem Eis auf. Näheres unter Tel. 0821/81 06 9 38 oder
www.oper-auf-eis.de.

Ferienkurs beim TSV 1847 Schwaben

Eistänzer Judith Haunstetter und Arne Hönlein

Übersicht der Eislaufbahnen in und um Augsburg

Eiskunstlauf und Eistanz oder auch die einfache Freizeitbeschäftigung Schlittschuhlaufen sind beliebte Sportarten an der frischen Luft. In der kalten und dunklen Jahreszeit bietet dieser Sport eine Alternative zu anderen Wintersportarten, gerade wenn diese aufgrund zu trockener und warmer Winter ausfallen.

Hinweise Öffnungszeiten: Da die Öffnungszeiten und Preise der Eislaufbahnen von Saison zu Saison variieren können, sind die Angaben Richtwerte (Stand: 3/2007).

Die vier Eissportbahnen in Augsburg und Umgebung bieten vielfältige Events für Jung und Alt. Bei Sonnenschein auf Eis wird jedermann von Optimismus und Vitalität durchströmt. Nach Einbruch der Dunkelheit können Flutlichtromantik und Discomusik den Alltag vergessen lassen. Die Augsburger sind nicht nur in ihrer Freizeit sehr eifrige Eisläufer, auch Schulklassen verbringen ihre Sportstunden oftmals auf dem Eis.

Die Bahnen stehen für alle Eissportarten und für den Publikumslauf zur Verfügung. Der Publikumslauf dauert je 90–120 Minuten, davor und danach wird das Eis gesperrt, es empfiehlt sich also, sich genau über die Zeiten zu informieren. Der Eintritt gilt jeweils nur für einen Lauf.

Curt-Frenzel-Eisstadion (City)

Senkelbachstr. 2, 86153 Augsburg
Tel. 0821/3 24-97 55,
Laufzeitansage: 0821/3 24-97 52,
Eismeister: 0821/3 24-97 50

www.augsburg.de ➜ Sport und Freizeit ➜ Sportstätten
Straßenbahnlinie 4, Haltestelle Brunntal; Parkplätze: Plärrergelände (5 Gehminuten zum Stadion)

Eishockeystadion (Bahn I)

Hier trainieren die „Augsburger Panther" und tragen die Heimspiele in der Deutschen Eishockey-Liga (DEL) aus. Das Kunsteisstadion unterhält zwei Eisbahnen (je 60 x 30 m), davon eine überdachte Bahn (Stadion).

Laufzeiten

- Hochsaison tägl. vor- und nachmittags sowie abends
- Nachsaison nur Bahn I mit eingeschränkten Laufzeiten: vormittags, teils abends und So 14–16 Uhr

Preise

- Erwachsene 3,60 Euro, Kinder tagsüber 1,80 Euro, abends 3,20 Euro
- Geldwertkarten (Wert: 11, 29, 60, 190 Euro; Preis: 10, 25, 50, 150 Euro)
- Schlittschuhverleih 3 Euro

Martina Berg@fotolia.de

Kunsteisstadion Haunstetten

Sportplatzstr. 2, 86199 Augsburg,
Tel. 0821/3 24-98 74, Laufzeitansage:
0821/3 24-98 92, Eismeister: 0821/3 24-
98 72, www.augsburg.de ➜ Sport und
Freizeit ➜ Sportstätten
Straßenbahnlinie 3, Haltestelle Hof-
ackerstr.; Park&Ride-Parkplatz an der
Endhaltestelle der Linie 3 (Inninger Str.)

Saison und Preise
• Anfang Oktober bis Mitte März
• Preise siehe Curt-Frenzel-Stadion

Wintertraum Gersthofen

Gersthofen, Rathausplatz,
Tel. 0821/4 20 68 49,
www.wintertraum-gersthofen.de
Buslinie 51, 52, ab Augsburg-Nord;
Parkplätze: in der Tiefgarage

Laufzeiten und Preise
• Mitte November bis Februar tägl.
  13.30–16.30 Uhr, So-Do 17–20 Uhr, Fr/Sa
  17–19.30, Sa/So/Ferien auch 10–13 Uhr
• Easy-living Ice-Disco, Fr/Sa 20–21.30 Uhr
• Preise siehe www.wintertraum-
  gersthofen.de

Königstherme Königsbrunn

Königsallee 1, 86343 Königsbrunn,
Tel. 08231/96 28-0,
www.koenigstherme.de ➜ Eistreff
Buslinie 733; Parkplätze vorhanden.
Die Königstherme unterhält eine moderne Eissporthalle (Sommer: Inlineskating) und eine überdachte Freieisfläche.

Saison und Preise
• Oktober bis März tägl. 14–16 Uhr, So/
  Feiertage 10–12 Uhr
• Musikeislauf: Mi 20–22 Uhr
• Kinderdisco: Fr 14–16 Uhr (Lasershow)
• Eisdisco: Sa 19.30–21.30 (Lightshow)
• Preise siehe www.koenigstherme.de

> **Tipp** Für eine Weihnachtsfeier oder
> zum Eishockey-Hobbytraining
> kann die Eishalle auch gemietet wer-
> den. Mehr Infos unter Tel. 08231/
> 96 28-45.

easy living/KAROCARD-Partner
• Königstherme Königsbrunn – Eistreff
  (10 % auf alle Standard-Eintrittspreise)
Details unter www.easy-living-online.de
oder www.karocard.de

Eishalle Königstherme

Wintertraum Gersthofen

Fünf Langlauf-Loipen in und um Augsburg laden ein

Übersichtskarte ➜ Buchanfang Zwar wird Schnee in unserer Region immer mehr zu Mangelware, sollte es aber mehrere Zentimeter geschneit haben, müssen Freunde des Skilanglaufs oder der gemütlichen Variante des Skiwanderns keine langen Anfahrten auf sich nehmen. (wm)

Telefon-Hotline für Langlaufloipen: 0821/324-9779

Loipe der Sportanlage Süd

Diese stadtnahe Loipe innerhalb der Sportanlage Süd wird sowohl für die klassischen Langläufer als auch für die Skater präpariert. Die kleine Runde südlich der Ilsungstr. ist an Werktagen bis 20 Uhr durch die Fußball-Flutlichtanlagen beleuchtet. Um Konflikte mit den Joggern und Walkern auf dem ebenfalls beleuchteten Max-Gutmann-Laufpfad zu vermeiden, wurde auf die in früheren Jahren angelegte Loipe parallel zum Laufpfad verzichtet.

Länge: ca. 1,0 km (pro Runde)
Profil: eben
Stil: klassisch und Skating
Beleuchtung: werktags bis 20 Uhr
Parken: Parkplatz der Sportanlage Süd an der Ilsungstr. (ca. 100 m zur Loipe)

Siebentischpark-Loipe

Zwischen der Sportanlage Süd und dem Siebentischwald steht nördlich der Ilsungstr. eine weitere Strecke unmittelbar vor den Toren der Stadt zur Verfügung. Diese klassische Loipe im Siebentischpark unweit des Stempflesees eignet sich genauso wie die obige Route innerhalb der Sportanlage Süd bestens für Einsteiger.

Länge: ca. 1,0 km (pro Runde)
Profil: eben
Stil: nur klassisch
Beleuchtung: keine
Parken: Parkplatz der Sportanlage Süd an der Ilsungstr. (ca. 400 m zur Loipe)

Lechdamm-Loipe

Die Punkt-zu-Punkt-Strecke führt westlich des Lechs vom Hochablass in Richtung Lechstaustufe 23. Ab dem Start am Pavillon an der Westseite des Hochablasses sind es auf dem Hochwasserdamm knapp zehn Kilometer bis zur Wende an der Verbindungsstraße von Königsbrunn nach Mering. Langläufer aus den südlichen Augsburger Stadtteilen können auch unweit der Staumauer in die Loipe einsteigen. Es geht jeweils auf dem gleichen Weg zurück, jedoch stehen zwei Parallelspuren zur Verfügung. Bei der Einteilung der Kräfte gilt es zu bedenken, dass die Loipe flussaufwärts geringfügig ansteigt. Ansonsten ist diese geradlinige Strecke entlang dem Siebentischwald und Haunstetter Waldes auch für Anfänger geeignet.

Länge: ca. 20,0 km (hin und zurück)
Profil: eben
Stil: nur klassisch
Beleuchtung: keine
Parken: nördlicher Kuhsee-Parkplatz nahe Oberländer Str. (400 m zur Loipe), Parkplatz bei der Hochablass-Gaststätte an der Kanustrecke (700 m zur Loipe), Parkplatz westlich der Lechstaustufe 23 zwischen Königsbrunn und Mering (300 m zur Loipe)

dfschoenen@photocase.com

Golfplatz-Loipe Stadtbergen

Gerade einmal sechs Kilometer vom Augsburger Stadtzentrum entfernt findet man auf dem Platz des „Bavarian Hills Golf Club Leitershofen" westlich von Stadtbergen eine kurzweilige Loipe. Der Rundkurs am Rande des Naturparks „Westliche Wälder" orientiert sich teilweise an der 9-Loch-Bahn, die offiziell 6.088 Meter misst. Die gesamte Strecke liegt an einem sanften Südhang, ideal also bei Sonnenschein. Der Blick der Skilangläufer schweift über die Fuggerstadt und nicht selten bis zur Zugspitze. Neulinge sollten sich allerdings nicht auf die wellige Runde wagen.

Länge: ca. 5,0 km (pro Runde)
Profil: wellig
Stil: nur klassisch
Beleuchtung: keine
Parken: Golfplatz-Parkplatz zwischen Stadtbergen und Deuringen (100 m zur Loipe)

Golfplatz-Loipe Burgwalden

Die Autofahrt über 22 Kilometer von Augsburg über Bobingen und Straßberg nach Burgwalden lohnt sich. Der kleine Bobinger Stadtteil wird von Hügeln, Seen und Wäldern umrahmt. Die Loipe verläuft auf dem 54 Hektar großen Platz des „Golfclub Augsburg". Der Kurs führt meist entlang der 18-Loch-Bahn, die mit einer Länge von 6.018 Metern angegeben wird. Die anspruchsvolle Runde enthält Anstiege und Abfahrten, die nur routinierten Sportlern empfohlen werden können. Bis in die 80er-Jahre wurden hier die Augsburger Stadtmeister im Skilanglauf gekürt. Bei gutem Wetter droht in Burgwalden ein Verkehrschaos. Die Stadtverwaltung Bobingen appelliert deshalb an die Ausflügler, nur die ausgewiesenen Parkplätze zu nutzen und die Zufahrt für Rettungsfahrzeuge frei zu halten.

Länge: ca. 6,0 km (pro Runde)
Profil: hügelig
Stil: nur klassisch
Beleuchtung: keine
Parken: Wanderparkplatz in der Ortsmitte von Burgwalden (250 m zur Loipe)

Exklusiv: Angebote für Familien mit Kleinkindern vom „Familien-AbisZett"

Das Familien-AbisZett ist eine Broschüre mit vielen Freizeit- und Hilfsangeboten für Mütter und Väter mit Kindern bis zu drei Jahren sowie speziellen Angeboten für Alleinerziehende in und um Augsburg. Exklusiv für den Sportfreizeitführer finden Sie hier die Angebote aus dem Bereich Sportfreizeit.

Zu beziehen ist die Broschüre kostenfrei in der Bürgerinformation am Rathausplatz und im Internet unter people.freenet.de/FamilienAbisZett.

Ansprechpartnerin
Stadt Augsburg, Gleichstellungsbeauftragte Anita Conradi, Tel. 0821/324-2102. Herausgeber: Arbeitskreis Alleinerziehende

ANBIETER
Adressen und Details ➜ S. 130 ff.
FC Haunstetten
Sport- und Bäderamt
Sportkreisel GmbH
TSG 1885 Augsburg
TSG Hochzoll 1889
TSV 1847 Schwaben Augsburg
TV Augsburg 1847

Sport- und Bäderamt
Das Sport- und Bäderamt hilft bei der Suche nach Mutter-Vater-Kind-Turnen und Kinderturnen. Hilfreich ist auch der Vereinsspiegel unter www.augsburg.de ➜ Sport und Freizeit ➜ Vereinsspiegel.

FC Haunstetten
Eltern-Kind-Turnen
Sportliche Aktivitäten ohne Stress für jedermann vom Kleinkindalter (ab 2 Jahren) bis zur Seniorengymnastik.
www.fc-haunstetten.de

Sportkreisel
Spiel, Training und Bewegung
- Babymassage ab der 6. Woche
- Bewegungsspiele für Babys bis 1 Jahr und von 1 bis 2 Jahren
- Spielturnen für Mutter/Vater & Kind von 2 bis 3 Jahren
- Spielturnen für Vater & Kind
- Klettern am Geräteparcours für Kinder von 2 bis 4 Jahren
- Musikgarten für Mutter/Vater & Kind von 2 bis 3 Jahren
- Wassertraining für Mutter & Kind
www.sportkreisel.de

TSG 1885 Augsburg
Kleinkinderturnen
Dieses Angebot ist für Kinder ab ca. 4 bis 6 Jahren zur Unterstützung der körperlichen, geistigen und seelischen Entwicklungsphasen und hilft das Sozialverhalten zwischen Kindern und Eltern zu formen.
www.tsg-augsburg.de

TSG Hochzoll 1889
Mutter-Vater-Kind-Turnen
- Fit am Morgen mit Kinderbetreuung bis 3 Jahre
- Mutter-Vater-Kind-Turnen für Kinder ab ca. 3 Jahren
- Turnen für Kleinkinder ab 3 Jahren
www.tsghochzoll.de

TSV 1847 Schwaben Augsburg
- Kinderturnen ab 1 1/2 Jahren
- Bewegungsspaßkurse ab 1 Jahr
www.tsv-schwaben-augsburg.de

TV Augsburg 1847
Fitness Gesundheit Sport
Breitgefächertes Bewegungs- und Sportangebot für alle Altersgruppen, vor allem auch für Familien mit kleinen Kindern.
- PEKiP – für Babys zwischen 6 Wochen und 12 Monaten
- Bewegungsspiele
- Psychomotorikkurse
- Musik und Tanz für Mutter/Vater/ Oma/Opa und Kind
- spielerisches Klettern am Parcours
- Sportkindergarten Purzelbaum
www.tvaugsburg.de

Soeren@photocase.com

Internet-Tipp Schwangere, Eltern und Kinder finden unter www.kinder-augsburg.de nützliche Infos: Adressen von Beratungsstellen, Tipps zur Freizeitgestaltung und Möglichkeiten zur Kinderbetreuung.

Familien- und Badeparty
Im Frühjahr und Herbst veranstaltet die Schwimmschule Orca regelmäßig Badepartys in der Region. Das Rahmenprogramm beinhaltet Aquafitness, Schwimmabzeichenabnahme, Wasserrally u. v. m. Termine unter www.schwimmschule-orca.de.

Regenwetter-Alternative
Die Lesewelt Augsburg e. V. bietet regelmäßige Vorlesenachmittage in öffentlichen Büchereien an. Der Verein will Kinder zwischen vier und elf Jahren ohne Leistungsdruck an Bücher heranführen und ihnen zeigen, dass Lesen einfach Spaß macht. Mehr unter www.lesewelt-augsburg.de.

Familienservicestelle
An die Familienservicestelle können sich Familien mit ihren Fragen wenden. Zu erreichen unter Tel. 0180/12 33 555 aus dem Festnetz zum Ortstarif.

Foto: Schwimmschule Orca

Exklusiv: Infos vom „Wegweiser der Selbsthilfegruppen" des Gesundheitsamtes Augsburg

www.augsburg.de ➜ Gesundheit und Verbraucherschutz   Der Wegweiser der Selbsthilfegruppen ist eine kostenlose Broschüre vom Gesundheitsamt. Sie enthält neben vielen Selbsthilfegruppen auch die Bereiche Gesundheitssport und Entspannung. Eine neue Auflage ist ab Herbst 2007 bei den öffentlichen Stellen der Stadt erhältlich.

Übersicht Angebote

Sport- und Bewegungstherapie ist eine Maßnahme, die mit Mitteln des Sports gestörte körperliche, psychische und soziale Funktionen kompensiert, regeneriert, Sekundärschäden vorbeugt und gesundheitlich orientiertes Verhalten fördert.

Volkshochschule Augsburg

Die VHS Augsburg bietet diverse Kurse zum Thema Gesundheit an. Tel. 0821/50 26 50, www.vhs-augsburg.de

Tipp Krankenkasse   Fragen Sie auch bei Ihrer Krankenkasse nach. Viele bieten vergünstigte Gymnastik- und Fitnesskurse an und geben Tipps für die persönlich idealen Maßnahmen.

Die AOK Augsburg bietet z. B. sowohl für Mitglieder als auch Fremdversicherte folgende Angebote an: Wirbelsäulengymnastik, Rückenschule, Osteoporosegymnastik, Beckenbodengymnastik, Wassergymnastik und Nordic Walking.

Atemtherapie/Asthmasport

Man unterscheidet zwischen der Therapie der Atmung (klinische, ärztliche Atemtherapie) und der Therapie mit dem Atem (Atemtherapie als Selbsterfahrung/Selbsthilfe). Letzteres bieten folgende Vereine an:
• FC Haunstetten, TV Augsburg 1847

Herz- bzw. Koronarsport

Als Koronar- oder Herzkranzgefäß wird eine Arterie bzw. Vene bezeichnet, die den Herzmuskel mit Blut versorgt oder dieses aus ihm abführt. Folgende Vereine bieten dafür spezielle Angebote/ Gruppen an:
• DJK Göggingen, DJK Pfersee, FC Haunstetten, Sportverein-Reha Augsburg, TSG 1885 Augsburg, TSV 1847 Schwaben, TV Augsburg 1847

Wirbelsäulengymnastik

... beinhaltet Übungen zur Verminderung oder Vorbeugung von Rückenschmerzen. Ziel ist es, die Rücken- und Bauchmuskulatur zu stärken, um so die Wirbelsäule zu entlasten.

Prävention

• DJK Don Bosco, DJK Göggingen, DJK Lechhausen, FC Haunstetten, Kneipp-Verein Augsburg, TSG Hochzoll, TSV 1847 Schwaben, TSV Augsburg Kriegshaber, TSV Göggingen, Vitalsportgemeinschaft Haunstetten-Königsbrunn

Reha

• DJK Augsburg-Nord, DJK Pfersee, FC Haunstetten, Kneipp-Verein Augsburg, SpVgg Bärenkeller, TSG 1885 Augsburg, TSV Haunstetten 1892, TV Augsburg 1847, Vitalsportgemeinschaft Haunstetten-Königsbrunn

Rückenschule

• Kneipp-Verein Augsburg

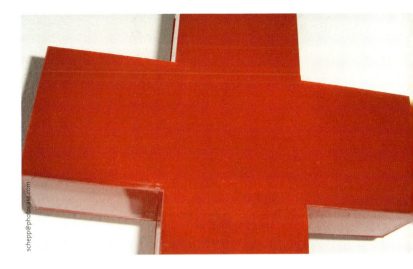

schepp@photocase.com

Osteoporosegymnastik

Die Osteoporose (Knochenschwund) führt zu einem übermäßigen Abbau der Knochensubstanz und -struktur mit erhöhter Frakturanfälligkeit. Osteoporosegymnastik beugt dem Knochenschwund vor.

- DJK Göggingen, Kneipp-Verein Augsburg, TSG 1885 Augsburg, TSV Haunstetten 1892, TV Augsburg 1847, Vitalsportgemeinschaft Haunstetten-Königsbrunn

Venengymnastik (Prävention)

Unter dem Begriff Venengymnastik werden zahlreiche Übungen zur Stärkung der Fuß- und Beinmuskulatur zusammengefasst, um gegen Krampfadern vorzubeugen.

- FC Haunstetten

Diabetessport

Sport unter Berücksichtigung der Zuckerkrankheit (Diabetes mellitus):
- TV Augsburg 1847, TSG 1885 Augsburg

Präventionssport/Krebsnachsorge

Förderung von Gesundheit und dem allgemeinen Wohlbefinden mit Gleichgesinnten:
- Mamazone (Brustkrebs)

Beckenbodengymnastik

Beckenbodengymnastik dient der Stärkung der Beckenbodenmuskulatur besonders während und nach der Schwangerschaft.

- FC Haunstetten, Sportkreisel, TSV Haunstetten 1892, TV Augsburg 1847

Wassergymnastik

Wassergymnastik ist ein spezielles Bewegungstraining im Wasser. Die Kraft- und Konditionsübungen schonen die Gelenke, Sehnen und den Rücken und kräftigen die Muskulatur sowie das Herz-Kreislauf-System. Durch den Widerstand des Wassers sind die Übungen fließender und weniger ruckartig als außerhalb des Wassers. Die Wassergymnastik ist daher auch besonders für ältere Menschen geeignet.

- DJK Don Bosco, TSG Hochzoll, TV Augsburg 1847, DJK Göggingen, TSV Haunstetten 1892, Vitalsportgemeinschaft Haunstetten-Königsbrunn

Problemzonengymnastik

- DJK Lechhausen, SpVgg Bärenkeller, TSG 1885 Augsburg, TV Augsburg 1847

hamido@photocase.com

Gymnastik für Übergewichtige
• DJK Don Bosco, TSV Göggingen, TV Augsburg 1847

Gymnastik für Senioren
Gymnastik speziell auf die Bedürfnisse unserer älteren Generation zurechtge-schnitten:
• DJK Augsburg-Nord, DJK Don Bosco, DJK Lechhausen, DJK Pfersee, SpVgg Bärenkeller, TSG 1885 Augsburg, TSG Hochzoll, TSV 1847 Schwaben, TSV Augsburg-Kriegshaber, TSV Göggin-gen, TSV Haunstetten 1892, TV Augsburg 1847, Vitalsportgemeinschaft Haunstetten-Königsbrunn

Behindertensport
• DJK Don Bosco, Gehörlosen-Sportverein Augsburg, Vitalsportgemeinschaft Haunstetten-Königsbrunn

Gesundheitsgymnastik (Prävention)
• DJK Augsburg-Nord, DJK Don Bosco, DJK Göggingen, DJK Lechhausen, FC Haunstetten, TSG 1885 Augsburg, TSG Hochzoll, TSV Augsburg-Kriegshaber, TSV Göggingen, TSV Haunstetten 1892, TV Augsburg 1847, Vitalsportge-meinschaft Haunstetten-Königsbrunn

Konditionsgymnastik
• TSV 1847 Schwaben, TSV Augsburg-Kriegshaber

Nordic Walking
Nordic Walking ist eine Ausdauersport-art, bei der Gehen durch den Einsatz von zwei Stöcken im Rhythmus der Schritte unterstützt wird (siehe auch Nordic Walking ab Seite 56).
• Kneipp-Verein Augsburg, SpVgg Bärenkeller, TSG Hochzoll, TSV Augsburg-Kriegshaber

Walking
• TSV Haunstetten 1892, Kneipp-Verein Augsburg

Psychomotorik für Kinder
Als Psychomotorik bezeichnet man das Zusammenspiel von psychisch-seelisch-emotionalem Erleben und Bewegungserleben bzw. der Motorik des Menschen.
• Sportkreisel, TSV Haunstetten

Förderkreis Kinderklinik Augsburg Bunter Kreis e. V.
Der Bunte Kreis hilft Familien mit chronisch, krebs- und schwerstkranken Kindern. Es gibt eine Vielzahl an Selbst-hilfegruppen sowie Patiententrainings (Adipositas, Asthma, Diabetes und Neurodermitis). Mehr Infos beim Verein zur Familiennachsorge, Der bunte Kreis e. V., Stenglinstr. 2, 86156 Augsburg, Tel. 0821/400-4848 oder -4916, info@bunter-kreis.de, www.bunter-kreis.de

Yoga, Tai-Chi, Qigong und Meditation

Yoga

Yoga („Einheit") ist ein sehr altes Übungssystem, das sich in Indien in Jahrtausenden entwickelt und bewährt hat. Es umfasst eine Reihe geistiger und körperlicher Übungen und beschreibt grundsätzlich auch eine Lebenseinstellung. Yoga fördert die Gesundheit, das Wohlbefinden, erweckt schlafende Fähigkeiten und erweitert das Bewusstsein.

aridula@photocase.com

Checkliste

- Alter: ab 5 Jahren
- Ausrüstung: Matte (ca. 15 Euro, in den meisten Yogaschulen vorhanden)
- Wirkung: Harmonisierung des gesamten Körpers, des Geistes und der Seele

YOGA IM VEREIN
Adressen und Details ➔ S. 130 ff.

DJK Augsburg (Nord und Hochzoll)

Kneipp-Verein Augsburg

TSG 1885 Augsburg

TSG Augsburg-Hochzoll

TSV Göggingen

TSV Haunstetten

TV Augsburg

Kommerzielle Anbieter (Auswahl)
- deryogaraum, Hinterer Lech 7, Tel. 0821/7 80 77 40, www.der-yogaraum.de
- fogus-Seminare, Tel. 0821/54 41 72, www.fogus-seminare.de
- Santosha Yoga Zentrum & Yoga Schule, Oberer Graben 51, Tel. 0821/ 50 87 123, www.santosha-augsburg.de
- Volkshochschule Augsburg, Willy-Brandt-Platz 3a, Tel. 0821/50 26 50, www.vhs-augsburg.de
- Yoga im Hof, Neidhartstr. 7, Tel. 0821/58 94 070, www.yogaimhof.de
- Yoga Studio Schuierer, Ortlerstr. 71,

Tel. 0821/6 43 71, www.yoga-a.de
- Yoga und Reiki Studio Mangala, Rehmstr. 4, Tel. 0821/52 28 89, www.yoga-studio-mangala.de
- Yoga-Pfade, Gärtnerstr. 21, Tel. 0821/56 72 111, www.yoga-pfade.de
- Yoga-Schule Karin Lehmann, Birkenstr. 18, Tel. 0821/9 87 07, www.yogaschule-karin-lehmann.de
- Yoga-Schule Konopka, Büchnerstr. 1, Tel. 0821/79 17 39, www.konopka-dr.de
- Yoga-Vidya Center Augsburg, Maximilianstr. 85, Tel. 0821/60 59 26, www.yoga-vidya.de

Tipp Viele Fitnessstudios haben ebenfalls Yoga im Programm (siehe Seite 74).

Qigong

Qigong ist eine chinesische Meditations-, Konzentrations- und Bewegungsform zur Kultivierung von Körper und Geist, die auch Teil der traditionellen chinesischen Medizin ist.

Kommerzielle Anbieter (Auswahl)
- INJOYmed Augsburg, Halderstr. 29, Tel. 0821/3 46 56 13, www.injoymed-augsburg.de
- Lady Fitness Augsburg, Partnachweg 4, Tel. 0821/79 39 84, www.ladyfitness-augsburg.de

kellerbrandt@photocase.com

- Sportkreisel, Eberlestr. 29, Tel. 0821/50 89 87-1, www.sportkreisel.de
- tanzwerkstatt Ursula Neuner, Von-der-Tann-Str. 40, Tel. 0821/52 96 49, www.tanzwerkstatt-augsburg.de
- Volkshochschule Augsburg, Willy-Brandt-Platz 3a, Tel. 0821/50 26 50, www.vhs-augsburg.de

Buch-Tipp	Bücher-Tipps im Internet: www.qigong-literatur.de

QIGONG IM VEREIN
Adressen und Details ➜ S. 130 ff.

Augsburger Verein für ganzheitliche Atem- und Heilgymnastik

Kneipp-Verein Augsburg

TSG Augsburg-Hochzoll

TSV Haunstetten

TV Augsburg

Tai-Chi (Taijiquan)

Tai-Chi, auch chinesisches Schattenboxen genannt, ist in der Volksrepublik China ein Volkssport und in den Parks der Städte sieht man in den Morgenstunden Tausende Menschen beim Üben der Bewegungen. Über den Aspekt als Kampfkunst und Selbstverteidigung hinaus wird Taijiquan häufig als allgemeines System der Bewegungs-

lehre oder als Gymnastik betrachtet, welches einerseits der Gesundheit sehr förderlich ist, andererseits der Persönlichkeitsentwicklung und der Meditation dienen kann.

Checkliste
- Alter: ab 16 Jahren
- keine spezielle Ausrüstung
- trainiert alle Muskeln und Gelenke, Koordination und Konzentration

---

Kommerzielle Anbieter (Auswahl)
- Das Dojo für Aikido, Körperbewusstsein und Meditation, Sterzinger Str. 3, Tel. 0821/7 29 05 07, www.dasdojo.de
- Schule für chin. Atem- und Heilgymnastik, Depotstr. 3, Tel. 0821/58 11 39, www.bewusste-bewegung.de
- Sportschule Budokan, Zollernstr. 3, Tel. 0821/41 89 33, www.sportschule-budokan.de
- tanzwerkstatt Ursula Neuner, Von-der-Tann-Str. 40, Tel. 0821/52 96 49, www.tanzwerkstatt-augsburg.de
- Volkshochschule Augsburg, Willy-Brandt-Platz 3a, Tel. 0821/50 26 50, www.vhs-augsburg.de
- Wu Dang Schule Augsburg, Sterzingerstr. 3, Tel. 0821/74 21 95, www.m-i-k-a.de

kaffeetrinker @ photocase.com

Meditation

Meditation ist der Schlüssel zu Positivität, innerem Frieden, Kreativität und Lebensfreude. Tägliche Übungen können zur Entspannung, zu innerer Ruhe, geistiger Kraft und Gleichgewicht verhelfen. In den höheren Stufen führt Meditation zur Erweiterung des Bewusstseins, zum Gefühl der Verbundenheit mit allen Wesen und zur Erweckung schlafender Fähigkeiten.

Checkliste

· meditative Übungen auch mit Kindern möglich
· keine Ausrüstung nötig
· Meditation oft in Yoga- und Kampfsportschulen mit enthalten

----

Kommerzielle Anbieter (Auswahl)

· Das Dojo für Aikido, Körperbewusstsein und Meditation, Sterzinger Str. 3, Tel. 0821/7 29 05 07, www.dasdojo.de
· Volkshochschule Augsburg, Willy-Brandt-Platz 3a, Tel. 0821/50 26 50, www.vhs-augsburg.de
· Yoga im Hof, Neidhartstr. 7, Tel. 0821/58 94 070, www.yogaimhof.de
· Yoga-Pfade (hier auch Kindermeditation), Gärtnerstr. 21, Tel. 0821/56 72 111, www.yoga-pfade.de
· Yoga-Schule Konopka, Büchnerstr. 1, Tel. 0821/79 17 39, www.konopka-dr.de

easy living/KAROCARD-Partner

· Das Dojo für Aikido, Körperbewusstsein und Meditation
· INJOYmed Augsburg
· TV Augsburg

Details unter www.easy-living-online.de oder www.karocard.de

Sportangebote in Augsburg und Umgebung für Menschen mit Behinderung

Auch für die rund 25.000 Menschen mit Behinderung im Augsburger Raum gibt es vielfältige Möglichkeiten für eine sportliche Betätigung. Die Palette reicht von Angeboten im Breitensportbereich bis zum Leistungssport. Zudem hat auch der Rehabilitationssport einen hohen Stellenwert.

Je nach Art und Schwere des Handicaps können Menschen mit Behinderung im Rahmen der Integration die allgemeinen Sportmöglichkeiten nutzen. Es gibt auch spezielle Angebote für bestimmte Behinderungsarten mit zum Teil spezifischen Sportarten.

Foto: Christine Bleier

Torballturnier für Blinde und Sehbehinderte in Augsburg

Foto: Michael Hochgemuth

Leichtathletin Natalie Simanowski

Menschen mit Behinderung können sowohl im Breitensport als auch im Leistungssport auf ein breites Spektrum an Sportarten zurückgreifen, von Badminton bis Windsurfen, von Basketball bis Volleyball, auch zahlreiche spezielle Behindertensportarten existieren.

Im Leistungssportbereich werden in den speziellen Behindertensportarten grundsätzlich Meisterschaften auf Bezirks-, Landes- und Bundesebene organisiert bzw. wird ein Ligabetrieb durchgeführt. Zudem gibt es Wettbewerbe auf Europa- und Weltebene (Meisterschaften und „Cup"-Veranstaltungen).

Die Wertung erfolgt im Leistungssport nach verschiedenen Klassen – je nach der Art der Behinderung – bzw. je nach der funktionellen Auswirkung der Behinderung der beteiligten Sportler.

Analog zu den „Olympische Spielen" werden für Sportler mit körperlichen Behinderungen die „Paralympics", für Gehörlose die „Deaflympics" und für geistig Behinderte die „Spezial Olympics" angeboten.

Der Rehabilitationssport spielt für behinderte Menschen eine wichtige Rolle während des Krankenhausaufenthaltes bzw. der Anschlussbehandlung in einer Rehabilitationseinrichtung und als Nachfolgeangebot auf Vereinsebene.

Eine Auflistung aller Augsburger Sportvereine befindet sich am Ende des Buchs unter „Anbieter A–Z". Vereine, die Behindertensport als spezielle Angebote im Übungsprogramm führen, sind auf der folgenden Seite zusammengefasst. (GaP)

Kontaktadressen für Behindertensport in Augsburg

Blindenschachgruppe Augsburg
Anton Lindenmair, Haspingerstr. 18,
86165 Augsburg, Tel. 0821/72 22 01,
anton.lindenmair@online.de

BSG im TSV 1862 Haunstetten
Landsberger Str. 3, 86179 Augsburg,
Tel. 0821/81 10 99, kontakt@
tsvhaunstetten.de,
www.tsvhaunstetten.de

BVSV Stadtbergen
Irmgard Schweighofer, Deuringer
Str. 31, 86391 Stadtbergen,
Tel. 0821/43 34 04

DJK Don Bosco, Abt. „no limits"
Ronald Miller, Widderstr. 19b, 86167
Augsburg, Tel. 0821/9 98 26 78,
miller.augsburg@t-online.de

**DJK Augsburg-Hochzoll e. V.,
Abt. Gesundheitssport**
Zugspitzstr. 173, 86165 Augsburg, Tel.
0821/71 11 17, gesundheit@
djk-augsburg-hochzoll.de

Gehörlosen-Sportverein Augsburg
Josef Scheitle, Oskar-von-Miller-Str. 41,
86316 Friedberg, Tel. 0821/6 52 95,
j.scheitle@web.de

**Gesundheitssportgruppe des
TSV 1909 Gersthofen**
Oskar Sperlich, Rettenberger Str. 23,
86368 Gersthofen, Tel. 08230/12 84

**Interessengemeinschaft für
Gesundheits- und Rehasport e. V.**
Dieter Gabriel, c/o Halderstr. 29, 86150
Augsburg, Tel. 08202/90 49 17

**Kegelfreunde Augsburg, Kegelverein
für Blinde und Sehbehinderte**
Erwin Pelz, Oblatterwallstr. 36c, 86153
Augsburg, Tel. 0821/3 92 79

Lungensportgruppe Augsburg West
Dr. Heinrich Weber, Brucknerstr. 12,
86356 Neusäß, Tel. 0821/48 22 03

Radsportgemeinschaft Augsburg e. V.
Albert Hofstetter, Dr.-Nick-Str. 2a,
86165 Augsburg, Tel. 0821/71 25 59;

G: Eisackstr. 14 a, 86165 Augsburg, Tel.
0821/723831, info@rsg-augsburg.de,
www.rsg-augsburg.de

**Rehasportgruppe in der
TSG 1885 Augsburg e. V.**
G: Schillstr. 109, 86169 Augsburg, Tel.
0821/701007, info@tsg-augsburg.de,
www.tsg-augsburg.de

**Rehasportgruppe des
TSV 1909 Gersthofen**
Hermann Romankiwicz, c/o Inge
Endrös, Am Weißbach 30, 82396
Fischen, Tel. 08808/92 31 53

Sanita Gesundheitssport e. V.
Peter Bußjäger, Postfach 11 18 08,
86043 Augsburg, Tel. 0821/50 31 000,
Peter.Bussjaeger@t-online.de

Sport-Gesundheitszentrum Hochfeld
Harro Seidl, Walther-Heim-Str. 2, 86161
Augsburg, Tel. 0821/5 89 95 79,
harro.seidl@freenet.de

Sportverein-Reha Augsburg e. V.
Roland Rehle, Frickingerstr. 7, 86150
Augsburg, Tel. 0821/155975,
RolandUschiRehle@arcor.de; G: Post-
fach 11 23 45, 86048 Augsburg, Tel.
0821/58 25 41, www.sv-reha.de

TSV Inningen, Abt. Gesundheitssport
Peter Oßwald, Adelmannstr. 6, 86199
A., Tel. 0821/93755

**Vitalsportgemeinschaft
Haunstetten-Königsbrunn e. V.**
Wolfgang Müller, Erlenstr. 40, 86343
Königsbrunn, Tel. 08231/6 09 37 83,
vorstand@vitalsport.de,
www.vitalsport.de

Vitalsportgruppe Bobingen
Gerhard Holzmann, Zugspitzstr. 3,
86507 Oberottmarshausen,
Tel. 08231/25 40,
gerhard.holzmann@stawa.de

VSV Neusäß
Georg Halbich, Am Zwergacker 2,
86156 Augsburg, Tel. 0821/46 63 43

Schon einen Geocacher getroffen?
Schatzsucher auch in Augsburg unterwegs

Ist Ihnen beim Sporttreiben oder Spazierengehen in und um Augsburg schon jemand begegnet, der ein kleines Gerät in Händen hielt und kritisch das Terrain sondierte? Wenn nein, dann könnte dies bald der Fall sein. Denn immer mehr Menschen sind in der Natur, aber auch mitten in der Stadt als moderne Schatzsucher unterwegs.

Ein typischer Geocache-Behälter mit Logbuch, Bleistift, Infoblättern und Tauschware

Sich nach GPS-Koordinaten orientieren klingt einfacher, als es anfangs ist

Das neue High-Tech-Hobby nennt sich Geocaching (sprich: Geo-käsch-ing) und funktioniert so: Irgendwer füllt eine Plastikdose mit netten Kleinigkeiten, legt ein Logbuch bei und vergräbt diesen Geocache irgendwo in der Botanik. Dann werden die geografischen Koordinaten auf speziellen Internetseiten veröffentlicht und, wenn erforderlich,

Ein handlicher GPS-Empfänger gehört beim Geocaching zur Grundausstattung

um einige Suchtipps ergänzt. Derjenige, der den Schatz angelegt hat, kann sicher sein, dass nach kürzester Zeit jemand aus der stetig wachsenden Geocaching-Fangemeinde die Koordinaten liest und sich auf die Suche macht.

Unerlässlich ist dabei ein handliches Navigationsgerät, das GPS-Signale von mindestens vier Satelliten empfangen kann. Autofahrer kennen das GPS (Global Positioning System) als angenehmes Kfz-Zubehör, bei dem eine Computerstimme den Fahrer ans Ziel lotst. Mittlerweile sind GPS-Empfänger kaum größer als ein Handy und für 150 bis 500 Euro zu haben. Die Genauigkeit dieser Geräte liegt bei wenigen Metern. Die Geburtsstunde von Geocaching schlug am 1. Mai 2000, als die US-Regierung bei dem für das Militär entwickelten GPS die künstliche Genauigkeitseinschränkung für zivile Nutzer abschalten ließ. Seitdem wurden rund 400.000 Caches in fast allen Ländern der Welt versteckt.

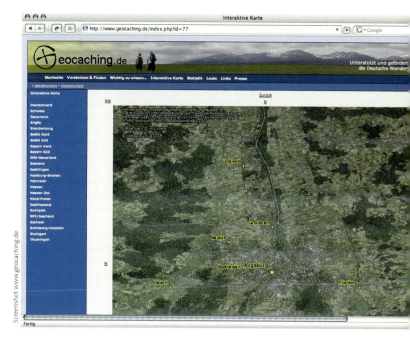

Drei Jahre lang war die Augsburger Region ein weißer Fleck auf der Karte der Geocacher. Seit 2003 findet man deren Schätze auch im Siebentischwald, Haunstetter Wald, Wittelsbacher Park und anderswo. Ein Geocache nahe dem Kuhsee mit den Koordinaten 48°20.631 (nördliche Breite) und 10°56.286 (östliche Länge) wurde als Erster in Augsburg platziert.

Es gibt unterschiedlichste Arten: vom einfachen Cache, bei dem man fast mit dem Auto vorfahren kann (ein Cache in Augsburg liegt sogar direkt im Hauptbahnhof, praktisch mit der Bahn zu erreichen) bis zum Cache, der nur mit speziellem Equipment, wie Bergsteiger- oder Taucherausrüstung, erreichbar ist. Beliebt sind Rätsel-Caches, die vor Ort oder schon im Vorfeld Recherche und Knobelei erfordern.

Wichtige Geocaching-Regel: Wer dem Schatz etwas entnimmt, z. B. einen Schlüsselanhänger, muss mindestens etwas Gleichwertiges hinzulegen. Als Kommunikationsplattform der deutschen Geocacher dient die Internetadresse www.geocaching.de.
(wm)

Bei allem High-Tech: Für manche Caches ist auch ein guter alter Kompass nicht verkehrt.

ANBIETER A–Z

Ansprechpartner Sportfreizeit in Augsburg
Angaben ohne Gewähr; Stand: 4/2007

Abkürzungen
V: Vorstand/Vorsitzender
I: Inhaber
G: Geschäftsstelle
H: Vereinsheim
M: Mitglieder

1–9

1. AEV-Fan-Club 1976 e. V.
V: Bernhard Kopp, Kopp@as-netz.de; G:
Postfach 11 01 12, 86026 Augsburg, Tel.
0821/8 77 77, mail@aev-fan-club.de,
www.aev-fan-club.de; M: 250
Eishockey: AEV-Nachwuchs, Auswärts-
fahrten

1. Augsburger Angler Club e. V. (1. AAC)
Wallgauer Weg 3, 86163 Augsburg, Tel.
0821/6 23 19, info@1aac.de, www.1aac.de;
M: 809
Fischen, Fußball

1. Augsburger Schwarzpulver-Schützen e. V.
V: Walter Berchtenbreiter, Tel. 0821/52 51 37,
hobbyschuetze@aol.com; M: 92
Schießen

1. Boxclub Haan Augsburg e. V.
Proviantbachstr. 1, 86153 Augsburg, info@
boxclub-haan.de, www.boxclub-haan.de;
M: 105
Boxen

**1. Fußballclub Moselfeuer Augsburg 1968
e. V.**
G: Wolfgang Schwinghammer, Fuchsweg 4,
86169 Augsburg, Tel. 0821/70 91 71; M: 85
Fußball

1. Squash-Rackets-Club Augsburg e. V.
V: Wolfgang Leitmeir, Tel. 08233/97 47,
info@leitmeir.de; M: 24
Squash

A

A. C. Torres Augsburg e. V.
V: Paolo Falloni, Tel. 0821/55 42 62; M: 65
Fußball

ABC Bowling
Fuggerstadt-Center, Viktoriastr. 3, Tel.
0821/4 20 73 98, www.abc-bowling.de;
Bowlingcenter (24 Bahnen), Billardtische

**ADFC Augsburg (Allgemeiner Deutscher
Fahrrad-Club Kreisverband Augsburg e. V.)**
Heilig-Kreuz-Str. 30, 86152 Augsburg,
Tel. 0821/3 71 21, info@adfc-augsburg.de,
www.adfc-augsburg.de;
**(Freizeit-)Radfahren, Blindensport,
Radtouren**

ADL e. V. (Augsburger Dartliga)
V: Günter Ziegler, Tel. 0173/3 62 90 45,
guenter@augsburger-dartliga.de,
www.augsburger-dartliga.de; M: 391
Darts

AFC Augsburg Raptors e. V.
G: Aystetter Str. 17, 86356 Neusäß, Tel.
0821/4 86 73 49, info@augsburg-raptors.de,
www.augsburg-raptors.de; M: 103
American Football, Cheerleading

Aikido und Karate Verein Augsburg e. V.
V: Werner Ackermann, Tel. 0821/70 85 98,
ackermann@dasdojo.de; G: Sterzinger Str. 3,
86165 Augsburg/Lechhausen,
www.dasdojo.de; M: 198
**Aikido, Karate, Ki-Training, JoDo,
Meditation, Tai-Chi-Chuan**
Straßenbahnlinie 1 Richtung Lechhausen,
Haltestelle Schlössle, Buslinie 48 bis
Sterzinger Str.

Aikido Verein Augsburg e. V.
G: Wankstr. 8, 86165 Augsburg/Lechhausen,
Tel. 0821/2 62 09 00,
aikido-augsburg@arcor.de,
www.aikido-augsburg.de; M:101
**Aikido, Karate, Jiu-Jitsu, Iai-Do, Sambo,
Systema**
Straßenbahnlinie 1 Lechhausen, Haltestelle
Partnachweg

Aikikan Augsburg e. V.
V: Prof. Dr. Peter Schettgen,
Tel. 0821/99 26 42; G: Depotstr. 3, 86199
Augsburg-Göggingen,
mail@aikido-augsburg.com,
www.aikido-augsburg.com; M: 17
Aikido
Straßenbahnlinie 1 Göggingen, Haltestelle
Bergstr.

Aiki-Dojo Augsburg e. V.
V: Hans Molnar, Tel. 0821/57 65 70,
G: Depotstr. 3, 86199 Augsburg,
Tel. 0821/58 44 07, info@aiki-dojo.de,
www.aiki-dojo.de; M: 37
Aikido
Straßenbahnlinie 1 Göggingen, Haltestelle
Bergstr.

Alpenverein
➔ Deutscher Alpenverein Sektion Augsburg e. V.

American Car Friends Augsburg e. V. (ACFA)
Ralf Schröder, Tel. 0821/52 99 63,
vorstand@acfaugsburg.com,
www.acfaugsburg.com; M: 36
Billard, Bowling, Budosport, Darts, Fußball,
Modellsport, Motorsport

Andre-Hofer-Schützen e. V. 1899
V: Wolfgang Fihn, Tel. 08294/15 91; M: 42
Schießsport

Augsburger Allkampf Club (AAC) e. V.
V: Erwin Neumayer, Tel. 0821/74 21 71,
erwin.neumayr@fiducia.de;
G: Tel. 0821/2 99 22 22, aac@vr-web.de,
www.augsburger-allkampf-club.de; M: 132
Budosport, Fischen, Fußball, Jiu-Jitsu,
Taekwondo, Turnspiele

Augsburger Automobil-Sport-Club e. V. (ASC)
Robert Harnisch; G: Firma Harnisch u.
Schmidt GmbH, Ulmer Landstr. 283–285,
86391 Stadtbergen, Tel. 0821/4 50 36 80;
M: 28
Motorsport

Augsburger Billard-Club e. V.
Alfred Stadler, Tel. 0821/57 78 01;
G: Provinostr. 59, 86153 Augsburg,
alfred.stadler1@freenet.de; M: 76
Billard

Augsburger Boule-Club e. V.
V: Dr. Dieter Gabanyi, Tel. 0821/57 63 97,
gabanyi@gmx.de; M: 32
Boule

Augsburger Drachenflieger-Club e. V.
V: Ernst Köhler, Tel. 08231/3 46 60;
G: Karwendelweg 8, 86438 Kissing,
Tel. 08233/57 85, berndio@gmx.de,
www.augsburger-drachenflieger-club.de;
M: 73
Luftsport, Drachenfliegen

Augsburger Eislauf Verein e. V. (AEV)
V: Michael Gebler, Tel. 0821/48 43 96,
michael.gebler@t-online.de;
G: Rehlingenstr. 4, 86153 Augsburg,
Tel. 0821/5 03 05-70, info@augsburger-ev.de,
www.augsburger-ev.de; M: 325
Eishockey, Eishockeyschule

Augsburger Flieger-Club e. V.
V: Horst Neumayr, Steinachtalweg 7, 81549
München, Tel. 089/68 77 55,
horst.neumayr@t-online.de;
www.augsburger-flieger-club.de; M: 47
Luftsport

Augsburger Kajak Verein e. V.
V: Fritz Glaser, Tel. 0821/49 72 45;
G: Am Eiskanal 49, 86161 Augsburg,
Tel. 0821/55 31 96, akv-augsburg@t-online.de,
www.akv-online.de; M: 298
Kanu

Augsburger Panther Eishockey GmbH
Rehlingenstr. 4, 86153 Augsburg,
Tel. 0821/5 03 05-0 (Vorverkaufsstelle:
Tel. 0821/3 04 21), info@aev-panther.de,
www.aev-panther.de
Eishockeymannschaft

Augsburger Pferdesportverein e. V. (APSV)
Gerd Morasch, Tel. 0821/44 40 98 30;
G: Silvia Kuballa, Brachflecken 20,
86497 Horgau, Tel. 0821/3 29 06 45,
info@augsburger-pferdesportverein.de,
www.augsburger-pferdesportverein.de;
M: 207
Reiten

Augsburger Rock'n'Roll Company e. V.
V: Benjamin Zoch, Tel. 0821/4 50 83 17,
info@company-augsburg.de,
www.company-augsburg.de; M: 73
Tanzsport

Augsburger Segler-Club e. V.
V: Friedrich-Karl von Selzam; G: Eduard-
Thöny-Str. 26, 86919 Utting; Post: Postfach
1207, 86917 Utting; Tel. 08806-76 34, info@
asc-utting.de, www.asc-utting.de; M: 486
Segeln

Augsburger Skibob-Gemeinschaft 1972 e. V.
Willi Parg, Tel. 0821/43 79 43,
www.skibob-online.de; M: 20
Skibob

**Augsburger Verein für ganzheitliche Atem-
und Heilgymnastik e. V.**
Dr. Joseph Djimjadi, Tel. 0821/30 037; G:
Blücherstr. 90, 86165 Augsburg,
Tel. 0821/79 14 00,
info@taichichuan-augsburg.de; M: 99
Qigong, Tai-Chi-Chuan

Augsburger Verein für Segelflug e. V. (AVS)
Johann Fischer, Tel. 0821/7 47 29 54, johann_
fischer@t-online.de, G: info@avs-ev.de,
www.avs-ev.de; M: 93
Luftsport, Segelfliegen, Motorfliegen

Augsburger Volkssportler e. V.
V: Heinz Schmidt, Tel. 0821/55 07 08;
G: Postfach 110432, 86029 Augsburg,
Tel. 0821/99 37 84; M: 11
Jogging, Laufen, Leichtathletik, Walking

Augsburger Yacht-Club e. V.
V: Adalbert Sigmund, Tel. 0821/70 70 03;
G: Postfach 101111, 86001 Augsburg,
Tel. 0821/48 89 97, schreiberkahe@aol.com;
M: 23
Motor-Wassersport, Segeln

Automobil-Club Augsburg e. V. im ADAC
Otto Habereder, Tel. 0821/66 15 62,
OTTO.HAB@t-online.de; M: 102
Motorsport

Automobil-Club Göggingen e. V. im ADAC
V: Alois Weis, Tel. 0821/99 21 02,
Alois_Weis@web.de; M: 50
Motorsport, Tennis

**Automobil- und Motorsportclub
Haunstetten e. V. im ADAC (AMCH)**
Zum Hinterfeld 5, 86199 Augsburg,
Tel. 0821/9 98 30 89,
kontakt@amc-haunstetten.de,
www.amc-haunstetten.de; M: 208
Fußball, Motorsport

B

Bärenkellerbad
Tel. 0821/324-9840, Oberer Schleisweg 15,
www.augsburg.de ➜ Sport und Freizeit
Sommerbad
Buslinie 21: Haltestelle Falkenweg

Ballonsportclub Quieta e. V.
V: Wulf Bergner, Tel. 08141/1 79 20,
WHBergner@aol.com; www.quieta.de; M: 8
Ballonsport

Ballonteam Fuggerstadt e. V.
V: Dr. Hans-Otto Naumann,
Tel. 0821/5 68 82 20; M: 9
Ballonsport

**Bavarian Stompers Square Dance-Club
Augsburg e. V.**
V: Erwin Wagner, Tunnelstr. 50, 86156
Augsburg, Tel. 0821/40 11 94,
wagnereundi@aol.com,
www.bavarianstompers.de; M: 57
**Tanzsport: Squaredance, Line- und
Rounddance**

Bayer. Montgolfieren Club e. V.
V: Erich Märkl, Tel. 0821/51 56 54; M: 7
Ballonsport

**Bayerischer Landes-Sportverband (BLSV)
– Bezirk Schwaben**
V: Bernd Kränzle; Vors. Jugendleitung:
Patrick Faustin; Geschäftsführer: Robert
Häfele; G: Neuhäuserstr. 1, 86154 Augsburg,
Tel. 0821/42 66 11, geschaeftsstelle@blsv-
schwaben.de, www.blsv-schwaben.de;
Bayerisches und Deutsches **Sportabzeichen,**
Aus- und Weiterbildung im Sportbereich,
Ansprechpartner für Vereine

Bella Billard
Geschwister-Scholl-Str. 1, Tel. 0821/44 13 05,
www.bellabillard.de
18x Pool-Billard, 4x Snooker

Bergwacht Augsburg
G: Berliner Allee 50a, 86153 Augsburg,
Tel. 0821/3 29 00-89,
info@bergwacht-augsburg.de,
www.bergwacht-augsburg.de; M: 30
Klettern, Ski, Ausbildung

**Betriebssportgemeinschaft der AOK Bayern
Direktion Augsburg**
V: Wolfgang Greisel, wolfgang.greisel@arcor.
de; G: Prinzregentenplatz 1, 86150 Augsburg,
Tel. 0821/321-115, wolfgang.greisel@by.aok.
de; M: 78
**Fußball, Jogging, Leichtathletik, Kegeln,
Radsport, Walking**

Betriebssportgemeinschaft Keller & Knappich
V: Peter Holzer, Tel. 0821/99 19 34; G: Werner
Briese, Zugspitzstr. 140, 86165 Augsburg,
Tel. 0821/797-17 29; M: 86
Fußball

**Betriebssportgemeinschaft Victoria
Versicherungen**
V: Markus Eisenlauer, Tel. 0821/5 02 27-28,
markus.eisenlauer@victoria.de; G: Konrad-
Adenauer-Allee 15, 86150 Augsburg; M: 58
**Badminton, Bowling, Fußball, Jogging,
Leichtathletik, Skisport, Walking**

Betriebssportgruppe Klinikum-Augsburg
V: Helmut Günther, Tel. 0821/400-3131,
helmut.guenther@org.augsburg-med.de;
M: 90
Fußball

Billardclub Augsburg Oberhausen e. V.
V: Hubert Beier, Tel. 0821/47 22 02; G: Gerhard
Jung, Rosenaustr. 36, 86150 Augsburg,
Tel. 0821/51 92 17, Info@bca-oberhausen.de,
www.bca-oberhausen.de; M: 72
Billard, Fußball

Billardclub Haunstetten e. V.
V: Stefan Ernst, Tel. 0821/8 35 01;
G: Bgm.-Widmeier-Str. 42, 86179 Augsburg,
Tel. 0821/8 48 00, bchaunstetten@freenet.
de, www.bchaunstetten.de; M: 97
Billard

Billard-Snooker-Club Augsburg e. V.
V: Werner Leimbach, Tel. 08291-85 03 02;
G: Gaststätte „Bella Billard", Geschwister-
Scholl-Str. 1, 86156 Augsburg, Tel. 0821/
44 13 05, webmaster@bsc-augsburg.de,
www.bsc-augsburg.de; M: 40
Billard, Snooker

Blindenschachgruppe Augsburg
V: Anton Lindenmair, Tel. 0821/72 22 01,
anton.lindenmair@t-online.de; M: 28
Versehrtensport, Schach

Böwe-Betriebssportgemeinschaft
V: Herbert Mayr, Tel. 0821/5 70 23 59; G: Böwe
Systec AG, Werner-v.-Siemens-Str. 1, 86159
Augsburg; M: 30
Fußball

Bogenschützen-Club Augsburg e. V.
V: Rainer Eckert, Tel. 0821/9 55 39,
www.bsc-augsburg.net; M: 284
Bogenschießen

Bogensportfreunde Augsburg e. V.
V: Günter Stohr, Tel. 0821/52 71 71,
gstohrarchery@aol.com; M: 10
Bogenschießen

Botanischer Garten
Dr.-Ziegenspeck-Weg 10, 86161 Augsburg
(direkt am Zoo), www.augsburg.de ➔ Sport
und Freizeit ➔ Botanischer Garten;
Öffnungszeiten: tägl. 9–17/21 Uhr (Winter/
Sommer), Kassenschluss 45 Minuten
früher, Biergarten ist von April–September
geöffnet;
Freizeitpark
Buslinie 32, Haltestelle Zoo/Bot. Garten

Bowling-Sportverein Augsburg 1970 e. V.
V: Rudolf Mihatsch, Tel. 0179/5 26 07 65,
mihatschr@web.de; info@bsva.de,
www.bsva.de; M: 111
Bowling

Bowlingverein Augsburg-Land e. V.
V: Manfred Fitz, Tel. 0821/52 87 04; G: City
Bowling, Halderstr. 5, 86150 Augsburg, Tel.
0821/3 50 61, citybowl@aol.com; M: 15
Bowling

Box-Gym Augsburg e. V.
V: Sidal Davut, Tel. 0172/8 34 15 02,
sidal@t-online.de,
www.kampfsport-augsburg.de; M: 7
Boxen

BSG Lechwerke Augsburg e. V.
V: Wolfgang Klinger, Tel. 0821/2 63 94 87,
Wolfgang.Klinger@lew.de; G: Stuttgarter Str.
4, 86154 Augsburg, www.bsg-lew.de; M: 255
**Aikido, Gymnastik, Jogging, Kegeln,
Laufen, Leichtathletik, Taekwondo, Turnen,
Turnspiele, Walking**

BSG LVA Schwaben e. V
V: Norbert Steber; G: Dieselstr. 9, 86154
Augsburg, Tel. 0821/500 12 12, norbert.
steber@LVA-Schwaben.de; M: 486
Nur für Beschäftigte der LVA: Badminton,
Fußball, Gewichtheben, Gymnastik, Kegeln,
Kraftsport, Jogging, Laufen, Leichtathletik,
Schach, Schwimmen, Skisport, Tischtennis,
Turnen, Volleyball, Walking

Budo Gym Augsburg
I: Axel Schultz-Gora; G: Kobelweg 12 1/4,
86156 Augsburg, Tel. 0821/40 67 97
a-s-g@t-online.de, www.budo-gym.de
ATK, Karate, Jiu-Jitsu, Iaido, Jodo
Straßenbahnlinie 2, Haltestelle Oberhausen
Bahnhof

Budo-Club Augsburg e. V.
V: Hermann Beck, Tel. 0171/7 56 82 21; M: 78
Budosport, Jiu-Jitsu

C

Circolo Siciliano Conca d'Oro e. V.
V: AlbertoDeplano, Tel. 0821/5 16 87;
G: Salvatore Seminara, Bayerstr. 41,
86199 Augsburg, Tel. 0821/90 02-370,
seminara_salvatore@yahoo.de; M: 68
Fußball

City-Bowling
Halderstr. 5, 86150 Augsburg, Tel. 0821/3 50 61
Bowlingcenter

Clochard Darter Augsburg e. V.
V: Adrian Seidl, Tel. 0821/51 25 83,
Adi.Seidl@t-online.de, www.nsdv.de/
vereine/cda; M: 29
Darts

Cosmos Lechhausen e. V.
V: Clemens Blank, Tel. 0821/71 18 13,
BlankClemens@t-online.de; M: 28
Fußball

D

DanceCenter No 1
Ballett & Musical Akademie, Am Glaspalast 1,
86153 Augsburg, Tel. 0821/51 39 17, info@
dancecenter.de, www.dancecenter.de
Tanzen: Kurse für alle Altersstufen, alle
Stufen und alle Stile (u. a. Ballett, Modern
Dance, Jazz, Standard, Latein, Step Dance,
Hip-Hop, Salsa, Tango Argentino)

Dart'agnans Augsburg 91 e. V.
V: Oliver Trott, Tel. 0821/99 47 79, o.trott@
gmx.de; M: 8
Darts, Tauchen

Dartclub DC Fass'l Augsburg e. V.
V: Manfred Tochtermann, Tel. 0821/4 54 04 10,
manfred.tochtermann@t-online.de;
G: Gasthaus „Zum Fass'l", Petelstr. 2, 86154
Augsburg, Tel. 0821/41 33 33; M: 15
Darts

**DASCA-Augusta-Sportfahrer-Club Augsburg
e. V.**
V: Dieter Praßler, Tel. 0821/46 14 79; M: 34
Motorsport

**Das Dojo für Aikido, Körperbewusstsein und
Meditation**
 Aikido und Karate Verein Augsburg e. V.

Deutscher Alpenverein Sektion Augsburg e. V.
V: Benno Helf, Tel. 0821/6 34 66;
G: Peutingerstr. 24, 86152 Augsburg, Tel.
0821/51 67 80 (Mo, Do 16–19 Uhr und Mi, Fr
9–13 Uhr; Bücherei und Geräte: Do 17–19
Uhr); sektion@alpenverein-augsburg.de,
www.alpenverein-augsburg.de; M: 8.894
**Bergsteigen, Gymnastik, Klettern,
Mountainbike, Nordic Walking, Skisport,
Sportklettern, Turnen, Wandern**
Straßenbahnlinie 2 West, Haltestelle Stadtwerke

Deutscher Alpenverein Sektion Isartal e. V.
V: Josef Schmid, Tel. 0821/43 27 56; M: 217
**Bergsteigen, Kanu, Klettern, Radsport,
Skisport, Wandern**

**Deutsche Lebens-Rettungs-Gesellschaft
e. V. (DLRG)**
V: Armin Voß, Tel. 0821/55 32 74; G:
Friedberger Str. 18, 86161 Augsburg, Tel.
0821/65 0 65-0 (Fr 19–20 Uhr)
info@augsburg.dlrg.de,
www.augsburg.dlrg.de; M: 820
**Anfänger-, Erwachsenen- und
Rettungsschwimmen, Tauchen,
Wassergymnastik**

Die Alten Augsburger Athleten
V: Hans Schnieringer, Tel. 0821/9 76 12,
schnieri@augustakom.net, M: 15
**Gymnastik, Gewichtheben, Kraftsport,
Ringen, Sportakrobatik, Turnen, Turnspiele**

DJK Augsburg CCS e. V.
V: Reinhard Kaiser, Tel. 0821/4 40 39 71;
G: Madisonstr. 12, 86156 Augsburg,
Tel. 0821/4 30 07 47 (Christian Sedlak),
info@djk-augsburg-ccs.de,
www.djk-augsburg-ccs.de; M: 192
**Aerobic, Boccia, Gymnastik, Hobbysport
(Volleyball, Badminton, Fußball,
Basketball), Kinder, Tanzen, Tischtennis**

DJK Augsburg-Hochzoll e. V.
V: Dr. Ullrich Volker; G: Zwölf-Apostel-Platz 3,
86163 Augsburg, Tel. 0821/7 11 11,
gs@djk-augsburg-hochzoll.de,
www.djk-augsburg-hochzoll.de; M: 1.920
**Badminton, Ballett, Breitensport, Einrad,
Fußball, Gesundheit, Handball, Judo/
Allkampf, Kegeln, Kultur, Schießen, Tennis,
Tischtennis, Volleyball**

DJK Augsburg-Lechhausen 1920 e. V.
V: Dieter Hallischafsky, Tel. 0821/79 31 42,
dieter.hallischafsky@t-online.de,
www.djk-lechhausen.de, Tanzabteilung:
www.djk-ballett.de, Softball:
www.dirtyslugs.de; M: 845
**Badminton, Baseball, Basketball,
Bergsteigen, Fußball, Gymnastik, Kegeln,
Softball, Tanzen, Tennis, Tischtennis,
Volleyball, Wandern**

DJK Augsburg-Nord e. V.
V: Hermann Gerstmayr, Tel. 0821/70 45 39,
djk-augsburg-nord@gmx.de,
www.djk-augsburg-nord.de, M: 352
Basketball, Bergsteigen, Boccia, Faustball,
Gymnastik, Jogging, Kegeln, Laufen,
Leichtathletik, Skisport, Tennis, Tischtennis,
Turnen, Turnspiele, Walking, Wandern, Yoga

DJK Augsburg-West e. V.
V: Helmut Müller, Tel. 0821/48 73 69;
G: Pfarramt St. Thaddäus, Ulmer Str. 63,
86156 Augsburg, Tel. 0821/44 06 00; M: 595
Fußball, Gymnastik, Kegeln, Senioren,
Tischtennis, Turnen, Turnspiele, Volleyball

DJK Don Bosco e. V.
V: Georg Pabst, Tel. 0821/55 28 58, georg.
pabst@gmx.net; G: Isabella Zilling, Fritz-
Koelle-Str. 19d, 86161 Augsburg,
wifer.zilling@t-online.de,
www.djk-augsburg.de; M: 554
Badminton, Behinderten-/Versehrtensport,
Fußball, Turnen, Turnspiele, Volleyball

DJK Göggingen e. V.
V: Günter Kosmale, Tel. 0821/9 75 45;
G: Von-Cobres-Str. 3, 86199 Augsburg, Tel.
0821/9 98 05 77, info@djk-goeggingen.de,
www.djk-goeggingen.de, Tanzabteilung:
www.yellow-rose-augsburg.de,
info@yellow-rose-augsburg.de; M: 1.113
Badminton, Basketball, Fußball, Gymnastik,
Jogging, Kegeln, Laufen, Leichtathletik,
Skisport, Tischtennis, Turnen, Turnspiele,
Walking, Volleyball

DJK Pfersee e. V.
V: Manfred Dorner, Tel. 0821/7 80 73 73,
manfred_dorner@arcor.de; G: Ralf Bolik,
Von-Rad-Str. 7, 86157 Augsburg, Tel.
0821/52 98 77, Bolik.Ralf@web.de,
www.djk-pfersee.de; M: 746
Badminton, Basketball, Behindertensport,
Fußball, Gymnastik, Karate, Kegeln,
Koronarsport, Schießen, Senioren, Skisport,
Tennis, Tischtennis, Turnen, Turnspiele,
Volleyball

DJK Univiertel e. V.
V: Dr. Claus Pätzel, Tel. 0821/58 66 30,
jiu159@aol.com; G: Haunstetter Str. 148,
86159 Augsburg, Tel. 0821/5 89 17 85,
www.djk-univiertel.de; M: 260
Faustball, Fußball, Gymnastik, Jiu-Jitsu,
Jogging, Laufen, Leichtathletik, Tischtennis,
Turnen, Turnspiele, Volleyball, Walking

Downtown Dance Studio
Kapuzinergasse 24, 86150 Augsburg,
Tel. 0821/15 54 55
Tanzstudio: Jazzdance, Modern Dance,
Kindertanz, Salsa, Street Dance, Yoga,
Bodyworkout

E

Eis- und Rollsport Augsburg e. V. Centurions
V: Roland Seiler, Tel. 0821/71 69 82,
bernd.seiler@augsburg.de; G: Hegelstr. 29a,
86167 Augsburg, office@erc-augsburg.de,
www.erc-augsburg.de; M: 19
Eissport, Eishockey, Skaterhockey

Eisenbahner-Sportverein Augsburg e. V. (ESV)
V: Rudolf Rossmann, Tel. 0821/4 86 22 56;
G: Holzbachstr. 4b, 86152 Augsburg,
Tel. 0821/3 33 53, info@esv-augsburg.de,
www.esv-augsburg.de; M: 969
Allgemeiner Freizeitsport: Aikido, Fischen,
Fußball, Gewichtheben, Gymnastik, Jogging,
Kegeln, Kraftsport, Laufen, Leichtathletik,
Radsport, Schießen, Skisport, Tennis,
Tischtennis, Turnspiele, Walking

Eishockey Club Hornissen e. V.
V: Michael Pruß, Tel. 0821/59 35 67, pruss@
wiessner.com; G:info@echornissen.de,
www.echornissen.de; M: 20
Eishockey, Skaterhockey

Eishockey-Gemeinschaft Woodstock Augsburg-Bärenkeller e. V.
V: Max Götz, Tel. 08294/18 44,
www.eg-woodstocks.de; M: 152
Eishockey

Eishockey-Museum, Hall of Fame Deutschland e. V.
Schwimmschulstr. 7 (im Plärrer-Hallenbad),
86153 Augsburg, Tel. 0821/5 08 08 39 oder Tel.
08234/90 44 24, www.eishockeymuseum.de;
geöffnet: Do 14–19 Uhr, Fr 14–19 Uhr
Eishockey-Museum

Eissport-Verein Augsburg e. V.
V: Claudia Bschorr, Tel. 08230/700 83 20;
G: Peter Bayer, Riedweg 17, 86199 Augsburg,
Tel. 0821/99 29 22,
webadmin@eissport verein-augsburg.de,
www.eissport-verein-augsburg.de; M: 306
Eissport

Eisstock-Club Augsburg 1952 e. V.
V: Günter Eglauer, Tel. 08233/79 54 18,
g.eglauer@t-online.de; M: 39
Eissport, Eisstockschießen

E-Racers Top Level e. V.
V: Gerhard Ertl, Tel. 0821/71 29 31,
gerd.ertl@t-online.de, www.e-racers.de;
M: 65
Radrennsport

Erholungsgebieteverein EVA
Rathaus Kissing, Pestalozzistr. 5, 86438
Kissing, Tel. 08233/2 60 35, eva-augsburg@
aic-online.de, www.eva-augsburg.de;
Hinweise über Angebote im Freizeit- und
Erholungsbereich

F

Familienbad am Plärrer
Schwimmschulstr. 5, Tel. 0821/324-98 53,
www.augsburg.de ➜ Sport und Freizeit;
Sommerbad
Straßenbahnlinie 4: Haltestelle Plärrer

Fecht-Club Augsburg e. V.
V: Thilo Kapfer, Tel. 0821/5 04 79 47,
mail@fechtclub-augsburg.de,
www.fechtclub-augsburg.de; M: 40
Fechten

**Feuerschützengesellschaft Ziegelstadel
Augsburg e. V.**
V: Schubert Thomas, Tel. 08231/8 79 00,
Thomas-Schubert@eurocopter.com; G:
Werner Puttner, Weidenstr. 4,
86179 Augsburg, Tel. 0821/81 33 23,
werner.puttner@t-online.de,
www.fsg-ziegelstadel.de; M: 74
Schießsport

Fischereiverein Augsburg e. V.
V: Werner Leiacker, Tel. 0821/6 95 91,
leiacker@gmx.de; G: Holzbachstr. 12 1/2,
86152 Augsburg, Tel. 0821/3 33 61,
fischereiverein.augsburg@t-online.de,
www.fva-ev.de; M: 1.607
Fischen

Fischereiverein Göggingen e. V.
V: Jürgen Quas, Tel. 0821/99 28 53; M: 35
Fischen

Fischereiverein Haunstetten e. V.
V: Andreas Hurtner, Tel. 0821/800 34 10,
info@fv-haunstetten.de,
www.fv-haunstetten.de; M: 330
Fischen

Fitness Company
Hauptbahnhof: Viktoriastr. 3, Tel.
0821/34 47 90, Pfersee: F.-Kobinger-Str. 5a,
Tel. 0821/25 29 20, www.fitcom.de
Fitness- und Wellness-Center

Freiballonverein Augsburg e. V.
V: Wulf Bergner, Tel. 08141/22 23 25,
freiballonverein@aol.com,
www.freiballonvereinaugsburg.de; M: 118
Ballonfahren

Fribbe (Spickelbad)
Siebentischstr. 4, Tel. 0821/324-9832,
www.augsburg.de ➜ Sport und Freizeit
Sommerbad
Buslinien 23, 26, 32: Haltestelle Localbahn

fun & style – der Freizeitclub
Hirschstr. 73 1/2, 86156 Augsburg, Tel.
0821/4 53 28 02, wasgibts@funandstyle.com,
www.funandstyle.com
Freizeitclub für gemeinsame Aktivitäten

Fußball-Club Augsburg e. V.
V: Walther Seinsch; G: Donauwörther Str.
170, 86154 Augsburg, Tel. 0821/411 88 0,
geschaeftsstelle@fcaugsburg.de,
www.fcaugsburg.de; M: 829
Fußball

Fußball-Club Augsburg-Hochzoll 1928 e. V.
V: Walter Stöhr, Tel. 08231/8 82 41;
G: Am Eiskanal 20, 86161 Augsburg,
Tel. 0821/55 52 60, FCH@fchochzoll.de,
www.fc-hochzoll.de; M: 363
Fußball

Fußball-Club BIH Augsburg
V: Karagic Fuad, Tel. 08233/79 39 69,
www.fcbihaugsburg.de; M: 53
Fußball

Fußball-Club Eintracht 84 Augsburg e. V.
V: Siegfried Eulert, Tel. 0821/3 49 47 92;
G: Gerhard Gloßner, Blumenallee 50b,
86343 Königsbrunn, Tel. 08231/54 72,
fceintracht84@aol.com,
www.fceintracht.de; M: 74
Fußball, Darts

Fußball-Club Haunstetten e. V.
V: Gerd Zettl, Tel. 0821/8 25 61, 1.vorstand-
zettl@fc-haunstetten.de; G: Roggenstr.
52, 86179 Augsburg, Tel. 0821/81 32 51,
kontakte@fc-haunstetten.de,
www.fc-haunstetten.de; M: 598
Fußball, Tischtennis, Gymnastik/Turnen,
Theater, Wandern, Ski/Sport, Sportkegeln,
Base-/Softball, Schwimmen, Eishockey,
Präventions-/Gesundheitssportarten,
REHA/Vitalsport

Fußball-Club Roncalli e. V.
V: Robert Wittmann, Tel. 0821/71 79 46,
robert.wittmann@i-mo.de; M: 20
Fußball

Fußball-Club Öz Akdeniz e. V.
V: Atilla Mayda, Tel. 0821/72 37 55; G: Cengiz
Tuncer, Yorckstr. 1, 86165 Augsburg, Tel.
0821/7 29 01 35, tuncer.augsburg@freenet.de,
www.fc-oezakdeniz.de; M: 82
Fußball

Fußball-Sportverein Inningen e. V.
V: Dr. Stefan Kolbinger, Tel. 0821/9 98 56 82,
s.kolbinger@t-online.de;
G: Bergheimer Str. 35, 86199 Augsburg,
Tel. 0821/99 44 44, info@fsv-inningen.de,
www.fsv-inningen.de; M: 814
Bogenschießen, Eissport, Fußball, Kegeln,
Skateboard, Tennis

G

Gartenhallenbad Stadtbergen
Beim Hallenbad 1, 86391 Stadtbergen,
Tel. 0821/4 33 91 90, www.stadtbergen.de
Freibad, Hallenbad, Aquajogging
Straßenbahnlinie 3: Haltestelle Stadtberger Hof

Gehörlosen-Sportverein Augsburg e. V.
V: Josef Scheitle, j.scheitle@web.de;
G: Oskar-von-Miller-Str. 41, 86316 Friedberg,
Tel. 0821/6 52 95, gsv-augsburg@web.de,
www.gsv-augsburg.de; M: 267
Gehörlosensport: Badminton, Fußball,
Motorsport, Schach, Sportkegeln, Tennis,
Volleyball

Geriatrische Rehabilitationsklinik
– Physiotherapeutische Ambulanz
Butzstr. 27, 86199 Augsburg, Tel. 0821/909-
167, Fax 0821/909-108, stefan.schulz@
hessing-stiftung.de, www.hessing-stiftung.de
Ambulante Physiotherapie, medizinisches
Gerätetraining für Senioren
Straßenbahnlinie 1 Göggingen, Haltestelle
Hessing

Gesellschaft und
Tennis-Club Schießgraben e. V.
V: Dr. Hanns-Günther Bozung, Tel.
0821/48 80 12, Dr.Bozung@gmx.de;
G: Stadionstr. 11 a, 86159 Augsburg, Tel.
0821/52 84 38, tc-schiessgraben@t-online.de,
www.tennisclub-schiessgraben.de; M: 365
Tennis (Sand-Hallen- und Freiplätze)

Gestrandet – einfach schön beachen
Indoor – Beachsport
Inhaber: Martin Koch, Hofrat-Röhrer-Str. 12,
86161 Augsburg, Tel. (0821) 5 67 70 60,
gestrandet@einfach-schoen-beachen.de,
www.einfach-schoen-beachen.de
Beach-Badminton, -Basketball, -Handball,
-Soccer, -Volleyball
Buslinie 32, Haltestelle Goethestr.

Gesundheitszentrum ProVita
Haunstetter Str. 112, 86161 Augsburg,
Tel. 0821/5 97 05-0,
info@gesundheitszentrum-provita.de,
www.gesundheitszentrum-provita.de;
Ambulante Reha, Praxis Physiotherapie,
Praxis Ergotherapie, Praxis Logopädie,
Gesundheitsangebote (u. a. Med.
Trainingstherapie, Aqua Fitness,
Leistungscheck und Trainingspläne)
Straßenbahnlinie 2 Richtung Haunstetten,
Haltestelle Siemens

Golfclub Augsburg e. V.
V: Dr. Erkki Bernhard; G: Engelshofer
Str. 2, 86399 Bobingen-Burgwalden, Tel.
08234/56 21; info@golfclub-augsburg.de,
www.golfclub-augsburg.de; M: 838
Golf

Golfclub Leitershofen e. V.
V: Dieter Zach; G: Angelika Hagn, Deuringer
Str. 20, 86391 Stadtbergen, Tel. 0821/43 72 42,
Fax 0821/43 74 60, golfclub-leitershofen@
t-online.de, www.golf.de/leitershofen;
M: 486
Golf

Golfclub GolfRange Augsburg e. V.
V: Dr. Florian Bosch; G: Golf Range, Lindauer
Str. 56, 86199 Augsburg, Tel. 0821/90 65 00,
augsburg@golfrange.de,
www.golfrange.de; M: 782
Golf

Gymnastik-Gruppe Hochzoll e. V.
V: Hannelore Oberlander, Tel. 0821/61 62 0;
M: 72
Gymnastik

H

Hallenbad Göggingen

Anton-Bezler-Str. 2, 86199 Göggingen, Tel.
0821/324-9864, www.augsburg.de ➜ Sport
und Freizeit
Hallenbad
Straßenbahnlinie 1, Haltestelle Rathaus
Göggingen

Hallenbad Haunstetten

Johann-Strauß-Str. 1a, Tel. 0821/324-9794,
www.augsburg.de ➜ Sport und Freizeit
Hallenbad
Buslinien 34, 39, Haltestelle Johann-Strauß-
Str.

Harlekin Bowling

Eichleitnerstr. 7, 86199 Augsburg, Tel.
0821/5 89 39 00
Bowlingcenter

Haunstetter Motor-Touristik-Club e. V. im ADAC

Haunstetter-Motor-Touristik-Club e. V. im ADAC (HMTC)
V: Michaela Neumair, Tel. 08231/51 11,
michaela.neumair@t-online.de, http://
freenet-homepage.de/HMTC; M: 146
Gokart, Motorrad

hessing forum – medical wellness

Hessingstr. 17, 86199 Augsburg, Tel.
0821/909-365, Fax 0821/909-207,
forum@hessing-stiftung.de,
www.hessing-stiftung.de
Prävention, Kursangebote, Entspannung
Straßenbahnlinie 1 Richtung Göggingen,
Haltestelle Gögginger Rathaus, Eingang
Wirtschaftshof Hessing Stiftung

Hessing Stiftung

Hessingstr. 17, 86199 Augsburg, Tel.
0821/909-0, Fax 0821/909-207,
contact@hessing-stiftung.de,
www.hessing-stiftung.de
Orthopädische Fachkliniken
Straßenbahnlinie 1 Richtung Göggingen,
Haltestelle Hessing

Hessing Stiftung – Ambulante Physiotherapie

Hessingstr. 17, 86199 Augsburg, Tel.
0821/909-341, Fax 0821/909-207,
contact@hessing-stiftung.de,
www.hessing-stiftung.de
Amb. Physiotherapie, ambulante
Nachbehandlung
Straßenbahnlinie 1 Richtung Göggingen,
Haltestelle Hessing

Hessingpark-Clinic GmbH

Hessingstr. 17 (Einfahrt Wellenburger Str.),
86199 Augsburg, Tel. 0821/90 99 000,
Fax 0821/90 99 001,
contact@hessingpark-clinic.de,
www.hessingpark-clinic.de
Zentrum für orthopädische Chirurgie
Straßenbahnlinie 1 Richtung Göggingen,
Haltestelle Hessing

Hessingpark-Training

in der Hessingpark-Clinic (1. Stock),
Hessingstr. 17, (Einfahrt Wellenburger Str.)
86199 Augsburg, Tel. 0821/909 9 116, Fax
0821/909 93 9 116, contact@hessingpark-
training.de, www.hessingpark-training.de
Zentrum für Funktionsdiagnostik und
Training
Straßenbahnlinie 1 Richtung Göggingen,
Haltestelle Hessing

Historische Bogenschützen Gau Augsburg e. V.

V: Siegfried Berghammer, Tel. 0821/52 54 07,
info@augsburger-bogenschuetzen.de,
www.augsburger-bogenschuetzen.de; M: 27
Bogenschießen

Hochschulsport Augsburg

➜ Sportzentrum der Universität Augsburg

Hockey-Club Haunstetten e. V.

V: Thomas Müller, Tel. 0821/8 53 86,
thomasmueller22@web.de,
webmaster@hch-penguins.de,
www.hch-penguins.de; M: 10
Inlineskaterhockey

I

Interessengemeinschaft der Gebrauchshundevereine Augsburg und Umgebung e. V.

V: Helmut Kutjak, Tel. 0821/79 18 03,
helmut.kutjak@sska.de; M: 207
Hundesport

INJOYmed Augsburg
Halderstr. 29 (im Bohus-Center), 86150
Augsburg, Tel. 0821/3 46 56 13,
www.injoymed-augsburg.de
Fitness-Studio: Fitness und Wellness

J

Jiu-Jitsu-Karate-Schule Augsburg e. V.
V: Gerhard Jung, Tel. 0170/870 43 99; G:
Wintergasse 7, 86150 Augsburg,
Tel. 0821/66 81 81, info@gerhard-jung.de,
www.jiu-jitsu-karate.de; M: 44
Jiu-Jitsu-Karate

Judo-Club Augsburg e. V.
V: Ludwig Schmölzer, Tel. 0821/81 31 52;
G: Aystetter Str. 17, 86356 Neusäß-
Ottmarshausen, Tel. 0821/48 47 03,
judoclub.augsburg@t-online.de,
www.judoclub-augsburg.de; M: 338
Judo

Jugendhaus „Linie 3" Pfersee
Stadtberger Str. 19, 86157 Augsburg,
Tel. 0821/52 22 41, Linie3@sjr-a.de,
www.juze-linie3.de
Sport, Spiel, Freizeitaktivitäten für
Jugendliche von 12 bis 21 Jahren

K

Karate Dojo Zanshin Augsburg e. V.
V: Thomas Steinhauser, Tel. 0821/2 43 19 94,
vorstand@zanshin-augsburg.de,
www.zanshin-augsburg.de; M: 130
Karate

**Kegelfreunde Augsburg – Kegelverein für
Blinde und Sehbehinderte**
V: Erwin Pelz, Tel. 0821/3 92 79; M: 20
Versehrtensport, Kegeln

Kegelsportgemeinschaft Augsburg e. V.
V: Erich Seeger, Tel. 08272/29 76,
www.ksg-augsburg.de; M: 44
Kegeln

Kegelzentrum Augsburg
I: Thomas Preißler, preissler@kegelzentrum-
augsburg.de; G: Am Eiskanal 22, 86161
Augsburg, Tel. 0821/55 74 17,
www.kegelzentrum-augsburg.de
Restaurant mit 16 **Kegelbahnen**

Kgl. Priv. Schützenverein Augsburg
V: Ernst Burghart, Tel. 0821/51 18 58;
G: Schießstätte: Stadionstr. 5,
86159 Augsburg, Tel. 0821/4 53 45 88,
kgl.priv.sv.augsburg@freenet.de,
www.kgl-priv-schuetzenverein-augsburg.de;
M: 184
Schießsport

Klettercenter DAV Augsburg
Ilsungstr. 15b, 86161 Augsburg, Tel.
0821/5 89 40 79, www.alpenverein-augsburg.
de ➜ Kletteranlage;
Sportanlage: **Klettern** (Indoor und Outdoor)

**Kneipp-Verein Augsburg e. V. -
Sportabteilung**
V: Alfred Wünsch, Tel. 0821/43 69 21;
G: Bgm.-Aurnhammer-Str. 3, 86199
Augsburg, Tel. 0821/99 54 78,
kneipp-verein-augsburg@augustakom.net;
M: 425
**Entspannungstechniken, Gymnastik, Nordic
Walking**

L

La Familia Club de Futbol 1998 e. V.
V: Giovanni Pangaro, pangaro@lafam.de;
G: Javier Gonzalez, Hanreiweg 4 1/2, 86153
Augsburg, Tel. 0821/88 13 69, info@lafam.de,
www.lafam.de; M: 51
Fußball

Lady Fitness Augsburg
Partnachweg 4, 86165 Augsburg,
Tel. 0821/79 39 84,
www.ladyfitness-augsburg.de;
Lady-Fitness-Studio: speziell auf die
Bedürfnisse von Frauen ausgerichtet

Lechfischereiverein Augsburg e. V.
V: Günter Leibig, Tel. 08191/91 52 40 75; G:
Riedlerstr. 11, 86152 Augsburg,
Tel. 0821/15 13 94, geschaeftsstelle@lfv-
augsburg.de, www.lfv-augsburg.de; M: 437
Fischen

Lechhauser Bad
Lechhauser Str. 34, Tel. 0821/324-9792, www.
augsburg.de ➜ Sport und Freizeit;
Sommerbad
Straßenbahnlinie 1 und Buslinien 22, 23,
Haltestelle Berliner Allee

M

Katholische Jugendfürsorge der Diözese
Augsburg e. V.
Madison-Haus
Madisonstr. 10 u. 10a, Tel. 450 97 11,
www.streetwork-augsburg.de;
**Freizeitaktivitäten für Jugendliche (6–25
Jahre):** Hip-Hop-, Breakdancekurs; offener
Betrieb mit Darts, Kicker, Billard, Tischtennis

**Mamazone – Frauen und Forschung gegen
Brustkrebs e. V.**
G: Max-Hempel-Str. 3, 86153 Augsburg;
Postanschrift:Postfach 310220, 86063
Augsburg; Tel. 0821/52 13-144,
info@mamazone.de, www.mamazone.de
Präventionssport, Krebsnachsorge für Frauen
mit Brustkrebs

Mesopotamien-Verein e. V.
V: Seven Gebro, Tel. 0821/71 35 18;
G: Mendelssohnstr. 21, 86154 Augsburg,
Tel. 0821/41 84 05, info@bethnahrin.de,
www.bethnahrin.de; M: 25
Fußball

**Messerschmitt-Bölkow-Blohm-
Sportgemeinschaft Augsburg e. V. (MBB-SG)**
V: Klaus Eder, Tel. 08233/9 23 98; G:
Haunstetter Str. 168, 86161 Augsburg,
Tel. 0821/5 89 45 44, mbb-sg@t-online.de,
www.mbb-sg.de; M: 1.211
**Bergsport, Boxen, Flugsport, Fußball,
Kickboxen, Kegeln, Leichtathletik, Segeln,
Tennis, Tischtennis, Sportfischen**
Straßenbahnlinie 4 Haunstetten, Haltestelle
Volkssiedlung

Minigolf Schrott
Freizeitanlage Siebentischpark, Prof-
Steinbacher-Str 10A, 86161 Augsburg, Tel.
0821/56 52 38;
Minigolfbahn

Modellflug-Club Augsburg e. V.
V: Johann Niederhofer, Tel. 0821/6 60 17 90,
hans-niederhofer@gmx.de, www.mfca.de;
M: 160
Modellfliegen

**Motorboot-Sportfreunde Augsburg e. V.
(MSF)**
V: Gerhard Schmid; G: Mittlerer Schleisweg
10, 86156 Augsburg, Tel. 0821/46 46 06 (Mi
19–21, So 10.30–12.30 u. 18–21 Uhr), info@msf-
augsburg.de, www.msf-augsburg.de; M: 20
Motorboot-Sport

Motorsport-Abt. Augsburg e. V. im RKB/DMV
V: Helmut Wiedenmann, Tel. 0821/46 29 71,
info@oldtimerveranstaltungen.com,
www.oldtimerveranstaltungen.com; M: 71
Oldtimer

Motorsport-Club Augsburg e. V. (MCA)
V: Michael Ott-Eulberg, Tel. 0821/31 42 81,
otteulberg@t-online.de, mc-augsburg@web.
de, www.mc-augsburg.de,
www.trial-mc-augsburg.de; M: 194
Motorrad, Moto-Cross

N

Naturfreibad Haunstetten
Postillionstr. 1, www.augsburg.de ➔ Sport
und Freizeit
Sommerbad
Straßenbahnlinie 3: Haltestelle Inninger
Str. (10 Gehminuten) oder Buslinien 34, 39,
Haltestelle Hirsestr. (5 Gehminuten)

NaturFreunde Augsburg e. V.
V: Fritz Kraus, Tel. 0821/2 72 20 31,
service@dsk-kraus.de; G: Franz Surauer,
Robert-Gerber-Str. 15a, 86159 Augsburg,
Tel. 0821/57 37 22,
NaturfreundeAugsburg@t-online.de,
www.naturfreunde-augsburg.de; M: 240
**Wandern, Bergsteigen, Wassersport,
Wintersport, Reisen, Touristik**

NaturFreunde Göggingen e. V.
V: Klaus Eßer-Luber, Tel. 08233/2 56 44,
vorstand@naturfreunde-goeggingen.de,
www.naturfreunde-goeggingen.de; M: 340
**Bergsteigen/Wandern, Camping/Touristik,
Wassersport (Kanu), Wintersport**

NaturFreunde Haunstetten e. V.
V: Rainer Lieberum, Tel. 08231/8 51 48,
rainer.lieberum@web.de,
www.naturfreunde-schwaben.de; M: 234
**Bergsteigen, Langlauf, Radfahren, Ski,
Wandern, Wassersport**

NaturFreunde Lechhausen e. V.
V: Lutz Bastisch, Tel. 0821/78 18 05,
info@naturfreunde-lechhausen.de,
www.naturfreunde-lechhausen.de; M: 329
Bergsteigen, Skifahren, Wandern

NaturFreunde Westend-Augsburg e. V.
V: Herbert Hummel, Tel. 0821/2 43 71 20,
R.Hummel@t-online.de,
www.naturfreunde-augsburg-westend.de;
M: 113
Inlineskating, Kanu, Langlauf, Ski alpin

NCR Sportverein e. V. Augsburg
V: Karin Maier, Tel. 0821/48 49 29; M: 119
Fußball

O

Olympischer Sport-Club Augsburg 1972 e. V. (OSC)
V: Peter Weis, Tel. 0821/15 62 07; G: Buchinger Str. 17, 86159 Augsburg, Tel. 0821/15 58 63, ugerhard@schlosserei-gerhard.de, www.deutsche-turnliga.de/osc-augsburg, www.osc-augsburg.de; M: 51
Turnen

P, Q

Perlachia e. V. Augsburger Show-Dancer
V: Stephan Weber, Tel. 0821/5 43 70 00; G: c/o new direction GmbH, Piechlerstr. 3-5, 86356 Neusäß, Tel. 0821/5 43 70 00, info@perlachia.com, www.perlachia.com; M: 142
Tanzen

Polizei-Motorradsport-Club Augsburg e. V.
V: Herbert Guckert, Tel. 0821/8 48 63, info@pmc-augsburg.de, www.pmc-augsburg.de; M: 121
Motorrad, Motorradmesse

Polizei-Sportverein Augsburg e. V.
V: Rainer Batsch, Tel. 0821/6 13 97, rainer.batsch@augustakom.net; G: Gögginger Str. 97, 86199 Augsburg, Tel. 0821/6 60 94 54, polizeisv.augsburg@freenet.de, www.polizei-sv-augsburg.de; M: 717
Boxen, Fußball, Judo, Karate, Kegeln, Leichtathletik, Tischtennis
Straßenbahnlinie 1 Göggingen, Haltestelle Burgfrieden

Pool Billard Club Augsburg e. V.
V: Markus Kipka; G: Irene Ernst, Zwerchgasse 7, 86150 Augsburg, Tel. 0821/31 43 00, irene.ernst1@freenet.de; M: 24
Poolbillard

Post SV Telekom Augsburg e. V.
V: Heinz Krötz; G: Grenzstr. 71c, 86156 Augsburg, Tel. 0821/44 22 44, info@postsvtelekom.de, www.postsvtelekom.de, Judoabteilung: www.judoabteilung.de, mathias.geislinger@judoabteilung.de; M: 1.614
Alpine, Familienfreizeit, Fußball, Handball, Judo/Aikido, Kegeln, Schützen, Schwimmen, Tennis, Tischtennis, Triathlon

Provino Sport
Provinostr. 59, 86153 Augsburg, Tel. 0821/55 55 22, www.provino-sport.de; Fitness- und Sportanlage: **Tennis, Squash, Badminton, Sauna**
Straßenbahnlinie 1, Haltestelle Jakober Tor, dann zu Fuß in die Argon- und Schäfflerbachstr. (ca. 700 m)

R

Radfahrer-Club Pfeil Augsburg e. V.
V: Jürgen Stanglmeier, Tel. 08234/77 92, info@rcpfeil.info, www.rcpfeil.info; M: 73
Kunstrad, Rennradtouren, MTB, Waldlauf

Radfahrerverein Wanderer e. V.
V: Franz Linder, Tel. 0821/7 47 12 12, franz.linder@gmx.de; M: 77
Radwandern

Radsportfreunde Augsburg e. V.
V: Harald E. Siedler, Tel. 0821/70 11 33, H.E.Siedler@t-online.de, www.radsportfreunde-augsburg.de; M: 20
Europacup, MTB, Radwandern, Radtouren, Supercup

Radsportgemeinschaft Augsburg e. V. (RSG)
V: Albert Hofstetter, Tel. 0171/5 07 92 80, ahofst@t-online.de; G: Eisackstr. 14a, 86165 Augsburg, Tel. 0821/72 38 31, info@rsg-augsburg.de, www.rsg-augsburg.de; M: 235
Rennsport, Radrennbahn, Behindertenradsport, Radtouren
Straßenbahnlinie 1 Lechhausen, Haltestelle Schleiermacherstr., Bus 37, Haltestelle Eppaner Str.

Radsportverein Phönix 1893 Augsburg e. V.
V: Klaus Fuhrmann, Tel. 0821/70 15 90; G: Walter Klein, Tel. 0821/70 56 25, walter.klein@rv-phoenix.de, www.rv-phoenix.de; M: 53
Radrennsport

Rad- und Kraftfahrerbund Solidarität Augsburg e. V.
V: Hubert Thiel, Tel. 0821/57 32 72, Hubert.Thiel@t-online.de; M: 93
Radsport

Rad- und Kraftfahrerbund Solidarität Haunstetten e. V.
V: Josef Griener, Tel. 0821/81 12 28; M: 2
Radsport

Raketen-Modellsport-Gemeinschaft e. V.
V: Herbert Gründler, Tel. 08230/1451, herbert.
gruendler@t-online.de, vorstand@ramog.de,
www.ramog.de; M: 68
Modellfliegen

Regio Augsburg Tourismus GmbH
G: Schießgrabenstr. 14, 86150 Augsburg,
Tel. 0821/5 02 07-0 (Tourist-Information
Maximilianstr. 57, Mo–Fr 9–18 Uhr, Sa
10–17 Uhr und im Sommer So 10–14 Uhr),
tourismus@regio-augsburg.de,
www.augsburg-tourismus.de
Tourist-Information: Stadtinformationen,
Prospekte, Stadtpläne, Poster, Postkarten,
Augsburg-Literatur, Programmvorschläge
für Ihren Aufenthalt, Stadtrundfahrten,
Stadtrundgänge, Stadtführungen, Zimmer-
vermittlung; Fahrradverleih; Vorschläge für
Restaurants, Kneipen, Biergärten; Tipps für
Ausflüge, Rundflüge und mehr

Reit-Club Augsburg e. V. (RCA)
V: Richard Wagner, Tel. 0821/55 51 60;
G: Paul-Eipper-Str. 5, 86161 Augsburg,
Tel. 0821/55 41 18, info@reitclub-augsburg.de,
www.reitclub-augsburg.de, RCA-Voltigierer:
augsburgervoltis.oyla4.de; M: 354
Reiten
Buslinie 32, Haltestelle Zoo/Bot. Garten

Reitverein Augsburg-West e. V.
V: Wilhelm Romeyke, Tel. 0821/55 18 37,
romeyke@zuerich-agrippina.de;
G: Sissi Veit-Wiedemann, Pfarrer-Beck-Str. 5,
86554 Pöttmes, Tel. 08253/72 88,
sissi.veit@t-online.de; M: 231
Reiten

S

Schachclub Lechhausen 1908 e. V.
V: Valentin Usselmann, Tel. 0821/6 13 25,
u.valentino@web.de; G: St. Simpert,
Simpertstr. 6, 86153 Augsburg,
www.scl1908.de; M: 51
Schach

Schachgesellschaft Augsburg 1873 e. V.
V: Dieter Labadié, Tel. 0821/66 57 28, dieter.
labadie@t-online.de; G: Spitalgasse 3, 86150
Augsburg, www.sg-augsburg.de; M: 74
Schach
Straßenbahnlinien 2 und 3, Haltestelle Rotes
Tor

Schachklub 1908 Göggingen e. V.
V: Johannes Pitl, Tel. 0821/500 28 14; M: 23
Schach

Schachklub Caissa Augsburg 1992 e. V.
V: Werner Sedelmayr, Tel. 0821/57 47 46,
werner.sedelmayr@bibliothek.uni-augsburg.
de; G: Spitalgasse 3, 86150 Augsburg,
www.sk-caissa.de; M: 35
Schach
Haltestelle Rotes Tor

Schachklub Kriegshaber e. V.
V: Eckardt Frank, Tel. 0821/44 15 62, eckhardt.
frank@blb.de; G: Ulmer Str. 182, 86156
Augsburg, www.skk.de,
www.skkjugend.de; M: 90
Schach

Schachklub Rochade Augsburg e. V.
V: Paul Gerten, Tel. 08222/4118 28; G: Jens
Weichelt, Goethestr. 12, 86368 Gersthofen,
Tel. 0821/49 57 33, hefeplinse@freenet.de;
M: 37
Schach

Schiedsrichtervereinigung Augsburg
V: Martin Meyer, Tel. 08203/54 91,
ma_meyer@gmx.net; M: 340

Schlittenhunde-Sportverein Augsburg e. V.
V: Dietrich Umlauf, Tel. 08231/52 60; M: 74
Hundesport

**Schützengesellschaft „Adler" Augsburg-
Oberhausen e. V.**
V: Michael Feierabend, Tel. 0821/46 23 49,
karin-michael.feierabend@t-online.de; M: 55
Schießsport

**Schützengesellschaft Fortuna 1970
Augsburg e. V.**
V: Karl Kleinwächter, Tel. 0821/517178; G:
Holzweg 30, 86156 Augsburg, Tel. 46 59 33;
M: 93
Schießsport

Schützenverein Altstadt Augsburg e. V.
V: Werner Gintzel, Tel. 0821/56 18 44,
werner.gintzel@t-online.de,
www.sv-altstadt-augsburg.de; M: 80
Schießsport

Schützenverein „Edelweiß" Göggingen e. V.
V: Andreas Jochum, Tel. 0821/9 72 49;
G: Schützenheim „Edelweiß", Mühlstr. 31,
86199 Augsburg, Tel. 0821/9 19 92; M: 125
Schießsport

Schützenverein Gartenstadt Spickel e. V.
V: Manfred Gottschalk, Tel. 0821/66 45 44;
M: 44
Schießsport

Schützenverein „Lechau" Siebenbrunn e. V.
V: Gottfried Conrad, Tel. 0821/88 23 71; M: 88
Schießsport

**Schützenverein „Wilhelm Tell" e. V.
Augsburg-Inningen**
V: Karl Lidel, Tel. 0821/9 67 15,
karl.lidel@gmx.de; M: 61
Schießsport

Schwäbischer Automobil-Club e. V. im ADAC
V: Rita Kirchmann, Tel. 0821/66 15 00; M: 44
Motorsport

Schwimmerbund Delphin 03 Augsburg e. V.
V: Jutta Reich, Tel. 0821/711297; G: Tel.
08233/7 58 62, info@delphin-augsburg.de,
www.delphin-augsburg.de; M: 861
**Schwimmen, Kunst- und Turmspringen,
Wasserballett, Wettkämpfe**

Schwimmschule Orca
I: Heiko Gartenmeier, Bahnhofstr. 29,
86438 Kissing, Tel. 08233/7 39 51 62;
info@schwimmschule-Orca.de,
www.Schwimmschule-Orca.de;
**Anfänger- und Fortgeschrittenenkurse für
Kinder und Erwachsene:** Spielschwimm-,
Wassergewöhnungs-, Kraul-, Rücken-
schwimm-, Aquafitness- und Aquajogging-
kurse sowie Orca Kid's Club

Schwimmverein Augsburg 1911 e. V.
V: Herloff Koloseike, Tel. 08231/3 28 78,
koloseike@t-online.de; G: Thomas
Krautmann, Ammerseestr. 8b, 86163
Augsburg, Tel. 0821/5 67 86 37,
verein@sv-augsburg.de,
www.sv-augsburg.de, Wasserballabteilung:
wasserball-jungsters@sv-augsburg.de;
M: 749
Schwimmen, Wasserball, Wettkämpfe

**Segelfluggruppe Haunstetten im Deutschen
Aero-Club e. V.**
V: Manfred Geierhos, Tel. 0821/81 45 27,
Tel. 0821/322-1571,
Peter.Girstenbrei@t-online.de; M: 16
Luftsport Segelfliegen

Segelgemeinschaft Augsburg e. V.
V: Helmut Settele, Tel. 08234/3374,
office@schwabenclean.de,
www.sga-online.de; M: 190
Wassersport Segeln

**Shotokan-Karate-Dojo Augsburg e. V.
(SKDA)**
V: Stefanie Eser, Tel. 0172/8 19 37 21,
stefanieeser@gmx.de; G: Gögginger Str. 68,
86159 Augsburg, Tel. 0821/57 20 30,
www.karate-augsburg.de; M: 90
Karate

Skater Union Augsburg 1991 e. V.
V: Bernhard Steidle, Tel. 0821/9 98 69 96,
skater-union-augsburg@web.de,
www.skater-union-augsburg.de; M: 65
Inlineskaterhockey

Skiclub Augsburg e. V. (SCA)
V: Franz Mair, Tel. 0821/52 46 20; G: Hans Hirl,
Lange Gewanne 86, 86156 Augsburg, Tel.
0821/46 48 90, www.skiclub-augsburg.hirl.
de; M: 148
**Skigymnastik/Waldlauf, Skifahrten,
Wanderungen, Radtouren, Kegeln, Tennis**

**Ski- und Bergkameradschaft Augsburg e. V.
1932**
V: Hermann Raffler, Tel. 0821/70 53 17,
www.sbk-augsburg.de; M: 261
**Skifahrten, MTB, Nordic Walking,
Wanderungen**

Spickelbad
Siebentischstr. 4, Tel. 0821/324-9830,
www.augsburg.de ➜ Sport und Freizeit
Hallenbad
Buslinien 23, 26, 32, Haltestelle Localbahn

**Spielgemeinschaft Augsburg Faustball TVA
Schwaben Königsbrunn e. V. (SG Augsburg
Faustball 03)**
V: Rainer Kastner, Tel. 0821/99 25 50,
Tel. 0821/3151-224, rainer.kastner@
hasydesign.de, www.sga-faustball.de; M: 71
Faustball

**Spielvereinigung Bärenkeller 1946 Augsburg
e. V. (SpVgg)**
V: Dieter Klement, Tel. 0172/8 50 89 25;
G: Wildtaubenweg 13, 86154 Augsburg,
Tel. 0821/2 09 08 72, www.spvgg-
baerenkeller.de, Karate: www.budoteam-
baerenkeller.de; M: 730
**Tennis, Ski, Wandern, Fußball, Handball,
Gymnastik, Theater, Karate**

Sportakrobatikverein Augsburg-Hochzoll 1957 e. V.
V: Hans Martin Schipfel, Tel. 0821/55 07 26,
schipfel@gmx.de; G: Ingrid Swoboda,
Schwangaustr. 6, 86163 Augsburg,
Tel. 0821/6 92 55, sav@vr-web.de,
www.sav-homepage.de.vu; M: 287
Sportakrobatik, Gymnastik, Walking

Sportbund Helios Augsburg-Kissing e. V.
V: Gerhard Ehrentreich, Tel. 0821/2 79 97 91,
gerhard.ehrentreich@t-online.de;
G: Postfach 102308, 86013 Augsburg,
Tel. 08233/59 50, www.sportbund-helios.
de; M: 242
**Freikörperkultur (FKK): Familien- und
Breitensport**

Sport-Club Riedinger
V: Hans Mücke, Tel. 0821/71 18 46; M: 18
Turnen/Turnspiele

Sportgemeinschaft Römerfeld Augsburg e. V.
V: Walter Berndl, Tel. 0821/8 13 63,
walter.berndl@gmx.de; G: Inninger Str. 100,
86179 Augsburg; M: 130
**Tennis, Jogging, Laufen, Leichtathletik,
Nordic Walking**

Sportkegler-Verein Augsburg e. V. (SKVA)
V: Harry Dotzauer, Tel. 0821/40 68 68;
G: Emilienstr. 3, 86153 Augsburg,
Tel. 0821/51 60 75, Fax 0821/31 22 53,
info@skva.de, www.skva.de; M: 351
Kegeln: Dachverein von ca. 960 Keglern in 33
Klubs in Augsburg

Sportkreisel GmbH
Eberlestr. 29, 86157 Augsburg,
Tel. 0821/50 89 87-1, info@kreisel-team.de,
www.sportkreisel.de;
Kinderkurse: Abenteuer, Spaß &
Spiel, Bewegungsspiele für Babys,
Bewegungsspiele (1–2 Jahre), Musikgarten,
Psychomotorik, Spielturnen für Mutter/
Vater und Kind, tänzerische Früherziehung,
TV-Show-Dance; **Erwachsenenkurse:**
Bodyforming, Body and Mind, Fitness
für Rückenbewusste, Massagetreff,
Osteoporosegymnastik, Fit nach der Geburt,
Qigong/Chan Si Gong, Luna Fit, Yoga, Yoga
und Beckenbodentraining
Buslinie 35, Haltestelle Kirchbergstr. oder
Straßenbahnlinie 3, Haltestelle Eberlestr.

Sportschützen Augsburg-Pfersee e. V.
V: Michael Locher, Tel. 0821/5 08 12 82;
G: E. Fuder, Tel: 46 82 20; M: 38
Schießsport

**Sportschützenverein APC Augsburger
Pistolen Club e. V.**
V: Kurt-Michael Richter, Tel. 0821/3 52 05,
H: Schießsportzentrum, Schießstand,
Wolfgangstr. 14, 86153 Augsburg, Tel.
0821/4 19 04 74, Apcpistolenclub@aol.com,
www.apc-pistolenclub.de; M: 134
Schießsport

**Sportschützenverein Kimme und Korn
Augsburg e. V.**
V: Alfred Stoll, Tel. 0821/48 85 77,
info@kimme-und-korn.de,
www.kimme-und-korn.de; M: 79
Schießsport

Sportverein Augsburger Freizeitkegler
V: Veit Kargus, Tel. 0821/70 40 77-78,
veit.kargus@t-online.de,
www.veit-kargus.de; M: 42
Kegeln

Sportverein Bergheim e. V.
V: Michael Schönberger, Tel. 0821/9 16 15,
vorstand@sportverein-bergheim.de;
H: Am Langen Berg 5, 86199 Augsburg,
www.sportverein-bergheim.de; M: 619
**Fußball, Gymnastik, Laufen, Schießen,
Tennis, (Beach-)Volleyball, (Nordic) Walking**

Sportverein Dierig Augsburg e. V.
V: Gerhard Falch, Tel. 0821/70 55 86, gerhard.
falch@stawa.de; M: 114
Fußball

Sportverein Gold-Blau Augsburg e. V.
V: Rudolf Strohmaier, Tel. 08231/8 72 86; M: 15
Fußball

Sportverein Goldener Kegel Augsburg
V: Günther Bauch; G: Von-Richthofen-Str. 38,
86159 Augsburg; M: 17
Kegeln

Sportverein Hammerschmiede e. V.
V: Peter Uhl, Tel. 0821/70 31 30,
gaertnerei-peteruhl@t-online.de;
G: Neuburger Str. 297, 86169 Augsburg,
Tel. 0821/7 47 80 55, svhammerschmiede@
t-online.de, www.svhammerschmiede.de;
M: 608
**Fußball, Gymnastik, Stockschießen, Theater,
Tischtennis**

Sportverein International Augsburg e. V.
V: Ziya Derinalp, Tel. 0821/41 40 58,
heco1@onlinehome.de; M: 42

Sportverein-Reha Augsburg e. V.
V: Roland Rehle, Tel .0821/15 59 75,
rolanduschirehle@arcor.de; G: Christoph-
von-Schmid-Str. 10, 86159 Augsburg, Tel.
0821/58 25 41, www.sv-reha.de; M: 274
**Blindensport, Boccia/Kegeln, Kegeln,
Rollisport für Kinder, Rollstuhlbasketball,
Rollstuhltanz, Schwimmen, Tischtennis**

Sportverein Solidarität Göggingen e. V.
V: Ernst Drittenpreis, Tel. 0821/43 85 08;
G: Von-Cobres-Str. 3, 86199 Augsburg,
drittenpreis.e@augustakom.net; M: 118
Radsport, Tischtennis

Sportverein Union Augsburg 1978 e. V.
V: Senol Aydogan, Tel. 08251/82 76 00,
aydogan-senol@t.online.de;
H: Donauwörther Str. 10, 86154 Augsburg;
M: 274
Interkultureller Fußball

Sportzentrum der Universität Augsburg – Hochschulsport Augsburg
Leiter: Prof. Dr. Helmut Altenberger;
Mitarbeiterin: Dr. Christine Höss-Jelten;
G: Universitätsstr. 3, 86159 Augsburg, Tel.
0821/598-2829 (Anita Bitter) oder -2808 (Ines
Ewert); http://hsa.sport.uni-augsburg.de
**Für Studenten oder Bedienstete der
Universität sowie der FH Augsburg:**
Spielsportarten, Fitnesssport,
Gesundheitssport, Tanz, Musik &
Bewegung, Wassersport, Berg-/Natursport,
Budosportarten und mehr.

Stadt Augsburg
• Sportreferent
Dr. Gerhard Ecker, Rathausplatz 2a, 86150
Augsburg, Tel. 324-9000, finanzreferat@
augsburg.de, www.augsburg.de → Rathaus,
Verwaltung, Finanzen, Beteiligungen →
Bürgermeister & Referenten

• Sportausschuss
Stellvertretender Ausschussvorsitzender:
Hans Rost, Radaustr. 47, 86199 Augsburg,
Tel. 0821/9 54 85
www.augsburg.de → Rathaus, Verwaltung,
Finanzen, Beteiligungen→ Ausschüsse

• Sportbeirat
Vorsitzender des Sportbeirates: Heinz Krötz,
Hans-Rollwagen-Str. 8, 86157 Augsburg, Post
SV Telekom Augsburg e. V., Tel. 0821/46 07-
200, heinz.kroetz@t-systems.com,
www.augsburg.de → Sport und Freizeit →
Sport in Augsburg;

• Sport- und Bäderamt
Amtsleiter: Robert Zenner; G: Am Eiskanal 30
a, 86161 Augsburg, Tel. 0821/324-9700;
spba.stadt@augsburg.de, www.augsburg.de
→ Sport und Freizeit
Sportanlagen: Rosenaustadion,
Bezirkssportanlage „Paul-Renz",
Bezirkssportanlage „Karl-Mögele",
Sportanlage Süd – Max Gutmann Laufpfad,
Ernst-Lehner-Stadion, Sportanlage
Haunstetten; **Sporthallen:** Sporthalle
Augsburg, Anton-Bezler-Sporthalle,
Sporthalle Haunstetten; **Kunsteisstadien:**
Curt-Frenzel-Eisstadion, Kunsteisstadion
Haunstetten; **Kanuslalom Olympiastrecke;**
Hallenbäder: Plärrerbad, Stadtbad,
Spickelbad, Hallenbad Göggingen, Hallenbad
Haunstetten; **Sommerbäder:** Familienbad,
Bärenkellerbad, Fribbe, Lechhauser Bad,
Naturfreibad Haunstetten

Stadtbad
Leonhardsberg 15, Tel. 0821/324-9779, www.
augsburg.de → Sport und Freizeit;
Hallenbad
Straßenbahnlinie 1, Buslinien 22, 23, 35,
Haltestelle Pilgerhausstr.

Stadtwerke-Sportverein Augsburg e. V.
V: Günter Göttling, Tel. 0821/46 77 10;
G: Wildtaubenweg 15, 86156 Augsburg,
Tel. 0821/45 13 73, kornelia.mayr@gmx.de;
M: 398
Fußball, Tennis, Tischtennis

Städtische Sportgemeinschaft Augsburg e. V.
V: Peter Kiefer, Tel. 0821/46 21 35,
peterkiefer@arcor.de; M: 96
Bergsteigen/Wandern, Tennis

Surf Club Augsburg e. V. 1976
V: Michael Halstenbach, Tel. 0821/9 34 89,
Michael.Halstenbach@t-online.de,
www.surf-club-augsburg.de; M: 126
Windsurfen, Surfreisen

T

Taekwondo Tamer Augsburg e. V.
V: Haydar Tamer, Tel. 0172/9 74 84 70;
G: Elisabethstr. 34, 86167 Augsburg,
Tel. 0821/4 48 27 90,
www.taekwondo-tamer.de; M: 44
Taekwondo

Tanzschule Trautz & Salmen GbR
G: Alpenstr. 34, 86159 Augsburg,
Tel.0821/577077, trautz@tanzschulen.de,
www.tanzschulen.de/trautz
Tanzschule
Mehrere Straßenbahn- und Buslinien,
Haltestellen Bismarckbrücke, Th.-Heuss-
Platz/IHK, Rotes Tor oder Haunstetter Str./FH

Tanzsportgemeinschaft Bavaria Augsburg
V: Rudolf Trautz, Tel. 0821/48 20 10, rudolf.
trautz@gmx.de; G: Alpenstr. 34, 86159
Augsburg, Tel. 0821/577077, info@tsg-
bavaria.de, www.tsg-bavaria.de; M: 436
Tanzsport

Tanzsport Zentrum Augsburg e. V. (TSZA)
V: Manfred Stieglbauer, Tel. 0821/43 12 47; G:
Gubener Str. 13 1/2, 86156 Augsburg; Kurse:
Ingrid Holzapfel, Tel: 0821/219 53 33, tsza@
tsza.de, www.tsza.de; M: 416
Tanzsport: Aerobic, Boogie-Woogie,
Hip-Hop, Kindertanz, Rock'n'Roll, Salsa,
Standard/Latein, Stepptanz
Straßenbahnlinie 4, Haltestelle Bärenwirt,
Buslinie 21, Haltestelle Bärenbergl

Tauchclub Aquarius Augsburg e. V.
V: Klaus Kefer, Tel. 0821/48 45 89,
klaus.kefer@gmx.de;
G: norbert.kreidenweis@gmx.de,
www.tc-aquarius.de; M: 81
Tauchen

Tauchclub Grundler e. V.
V: Horst Geisler, horst@mhgeisler.de; G:
Marietta Geisler, Ifenstr. 15, 86163 Augsburg,
Tel. 0821/2 62 01 30, marietta@mhgeisler.de,
www.tauchclub-grundler.de; M: 33
Tauchen

Tauchclub Würfelqualle e. V.
V: Daniel Ludwig, Tel. 0821/71 43 41,
mail@aquaterra-augsburg.de,
www.aquaterra-augsburg.de; M: 19
Tauchen

Tauchsportclub Augsburg e. V. (TSCA)
V: Werner Joachim, joachim-augsburg@web.
de; G: Von-Hoesslin-Str. 2, 86153 Augsburg,
Tel. 0821/41 55 20, info@tsc-augsburg.com,
www.tsc-augsburg.com; M: 72
Tauchen

Tauchsportclub Big-Blue e. V.
V: Rainer Merten, Tel. 0821/48 96 61,
rainer.merten@a-city.de,
www.tscbigblue.de; M: 63
Tauchen

Tauchsportverein Marlin Augsburg e. V.
V: Peter Kerschbaum, Hi.Melanie@web.de
(E-Mail wird weitergeleitet),
www.marlin-augsburg.de; M: 40
Tauchen

Tauchsportclub Neptun e. V. Augsburg
V: Josef Heindl, vorstand@tsc-neptun.de,
Tel. 0171/7 85 81 01; G: Kalterer Str. 3, 86368
Gersthofen, info@tsc-neptun.de, www.tsc-
neptun.de; M: 233
Flossenschwimmen, Tauchen,
Unterwasserrugby

TBS-Sharks Augsburg e. V.
V: Thomas Tschierse, Tel. 0821/2 67 44 37,
tschierse@gmx.de,
mail@tbs-wuenschig-augsburg.de,
www.tbs-sharks.de; M: 112
Squash, Badminton

**Tennis, Badminton, Squash Max Wünschig
(TBS Wünschig)**
Inninger Str. 100, 86179 Augsburg,
Tel. 0821/8 20 82,
mail@tbs-wuenschig-augsburg.de,
www.tbs-wuenschig-augsburg.de
Fitness- und Sportanlage: Tennisplatz,
Tennishalle, Badminton, Squash, Sauna,
Minigolf, Pizzeria

Tennisclub TAS Augsburg
V: Dietmar Weisz, Tel. 0821/71 11 10,
fa.tas-tennis.weisz@web.de; G: Eppaner
Str. 1, 86165 Augsburg, Tel. 0821/71 11 10,
guenter.kersting@t-online.de,
www.tennisclub-tas.de; M: 75
Tennis

Tennisclub Augsburg e. V. (TCA)
V: Michael Ott-Eulberg, Tel. 08295/13 00,
otteulberg@t-online.de; G: Prof.-
Steinbacher-Str. 6a, 86161 Augsburg, Tel.
0821/55 13 16, buero@tc-augsburg.de,
www.tc-augsburg.de; M: 295
Tennis (Sand-, Hallen- und Freiplätze), auch
Beach-Volleyball, Fußball, Jogging
Straßenbahnlinie 3 Inningen, Haltestelle
Schertlinstr.

Tennis-Club Göggingen e. V.
V: Evelyn Raabe-Keitler, Tel. 0821/44 06 60,
info@agh-service.com; M: 27
Tennis

Tennis-Club Schießgraben e. V.
➔ Gesellschaft und Tennis-Club
Schießgraben e. V.

Tennispark Göggingen
Bergiusstr. 5, Tel. 0821/9 12 08
Sportanlage: Tennis

Theramo e. V. für Sport und Kultur
V: Werner Fiederl, werner@kreisel-team.de,
www.kreisel-team.de, Tel. 0821/2 43 68 50;
M: 251
Behinderten-/Versehrtensport, Gymnastik,
Jogging, Klettern, Laufen, Leichtathletik,
Sportakrobatik, Turnen, Turnspiele, Walking

Thomas-Schützen Haunstetten e. V.
V: Rainer König, Tel. 0821/88 88 06, rkoenig@
thomasschuetzen.de; H: Sportplatzstr. 4,
86179 Augsburg, Tel. 0821/81 33 15,
info@thomasschuetzen.de,
www.thomasschuetzen.de; M: 99
Schießsport

Türkspor Augsburg 1975 e. V.
V: Can Tuncay, Tel. 0821/55 59 94; H: Otto-
Lindenmeyer-Str. 32, 86153 Augsburg, Tel.
0821/55 62 69, info@tuerkspor-augsburg.de,
www.tuerkspor-augsburg.de; M: 135
Fußball

**Türkischer Jugend- und Kulturverein
Nizam-i Alem Augsburg e. V.**
V: Ali Seyit Kiliç, Tel. 0821/41 69 55;
G: Mehmet Askar, Ludwigshafener Str. 6b,
86157 Augsburg, Tel. 0179/9 07 74 55,
memoli-askar@onlinehome.de,
www.tjkvaugsburg.de; M: 54
Fußball

Tuna Sport und Kulturverein e. V.
V: Ahmet Bozkurt, Tel. 0821/7 10 93 19; M: 10

Turamichele Kegelbahnen
Provinostr. 35, 86153 Augsburg,
Tel. 0821/55 12 67
Kegelbahnen, Bowlingcenter

**Turngemeinde Viktoria Augsburg 1897 e. V.
(TGVA)**
V: Reinhard Hertlen, Tel. 08238/28 30,
reinhardhertlen@aol.com; H: Ilsungstr. 15
a, 86161 Augsburg, Tel. 0821/58 91 68 1 (Do.
18–19 Uhr), tgviktoria@aol.com, www.tgva.
net, Leichtathletik: www.tgva.de; M: 600
Basketball, Berglauf, Gehen/Walking,
Laufen, Leichtathletik, Fitness (Gymnastik,
Wandern), Fußball, Hobbysport (Faustball,
Fußball, Handball, Schwimmen, Volleyball),
Triathlon/Duathlon
Straßenbahnlinie 2 Haunstetten, Haltestelle
Siemens

**Turn- und Sportgemeinschaft 1885
Augsburg e. V. (TSG 1885)**
V: Volker Bopp, Tel. 0821/71 13 65; H: Schillstr.
105–109, 86169 Augsburg, Tel. 0821/70 10 07,
info@tsg-augsburg.de, www.tsg-augsburg.
de, Handball: freenet-homepage.de/
rozanski, Ringen: www.tsg-augsburg-ringen.
de, Skaterhockey: www.augsburg-giants.de,
Skiabteilung: www.karl-gah.de; M: 2.197
Aikido, Badminton, Basketball,
Behinderten-/Versehrtensport,
Fußball, Gewichtheben/Kraftsport,
Gesundheitssport, Gymnastik, Handball,
Hockey, Jogging, Kegeln, Koronarsport,
Laufen, Leichtathletik, Ringen, Schießen,
Skaterhockey, Skisport, Taekwondo, Tennis,
Tischtennis, Turnen/Turnspiele, Volleyball,
Walking
Buslinie 22 Firnhaberau, Haltestelle Am
Grünland

**Turn- und Sportgemeinschaft Augsburg-
Hochzoll 1889 e. V.**
V: Klaus Koberling, Tel. 0821/6 22 20, prof.
koberling@t-online.de; H: Bärbel Fendt,
Wendelsteinstr. 16a, 86163 Augsburg,
Tel. 0821/6 59 59 (Di 17–19 Uhr), sport@
tsghochzoll.de, www.tsghochzoll.de, Aikido:
www.aikido-hochzoll.de, Fußball-Jugend:
www.lernprozesse.de/tsg, Rock'n'Roll und
Boogie-Woogie: www.rocking-teddybears.
de, Rope-Skipping: www.crazyjumpers.de.vu;
M: 2113
Aerobic, Aikido, Bergsteigen, Fußball,
Handball, Gesundheitssport, Gymnastik,
Nordic Walking, Qigong, Rope Skipping,
Senioren, Skisport, Tanzsport, Tai-Chi-
Chuan, Tennis, Tischtennis, Turnen,
Turnspiele, Wandern, Volleyball, Yoga,

Turn- und Sportverein 1847 Schwaben Augsburg e. V.

V: Gerhard Benning, Tel. 0821/6 33 59;
H: Stauffenbergstr. 15, 86161 Augsburg, Tel. 0821/57 18 47,
vorstand@tsv-schwaben-augsburg.de,
www.tsv-schwaben-augsburg.de (hier befinden sich auch die folgenden Links);
Basketball: www.basketball-schwaben-augsburg.de, Boxen: www.boxen-augsburg.de, Eistanz-/Eiskunstlauf: www.eisschwaben.de, Fechten: www.fechten-schwaben-augsburg.de, Fußball: www.tsvschwaben.de, www.tsvschwaben2.de, www.tsvschwaben-frauenfussball.de, www.tsvschwabenaugsburg-fussballjugend.de, Kanu: www.kanu-schwaben-augsburg.de, Tennis: www.tc-schwaben.de; M: 2563

Badminton, Basketball, Boxen, Eissport, Faustball, Fechten, Fußball, Gymnastik, Hockey, Jogging, Kanu, Laufen, Leichtathletik, Tennis, Tischtennis, Turnen, Turnspiele, Skisport, Volleyball, Walking
Straßenbahnlinie 2 Haunstetten, Haltestelle Siemens

Turn- und Sportverein 1871 Augsburg e. V.

V: Elmar Brem, Tel. 0821/47 15 82;
G: Meierweg 16, 86154 Augsburg,
Tel. 0821/42 25 77,
geschaeftsstelle@tsv1871-augsburg.de,
Handball: www.tsv1871-augsburg.de,
Volleyball: www.volleyball-tsv1871augsburg.de;
M: 767

Badminton, Gymnastik, Handball, Kegeln, Modellsport, Taekwondo, Tennis, Tischtennis, Turnspiele, Volleyball

Turn- und Sportverein Firnhaberau 1926 e. V.

V: Alfred Sahl, Tel. 0821/70 52 26; G: Martin-Gomm-Weg 10, 86169 Augsburg, Tel. 0821/2 67 05 28, info@tsv-firnhaberau.de, www.tsv-firnhaberau.de; M: 1.372

Ballett, Eissport, Fußball, Gesundheitssport, Gymnastik, Kindertanzen, Kleinkinder, Skisport, Stockschützen, Tanz, Tischtennis, Turnen, Turnspiele, Wandern

Turn- und Sportverein Augsburg-Kriegshaber 1888 e. V.

V: Uschi Reiner, Tel. 0821/40 36 43, uschi.reiner@job-augsburg.de; G: Kobelweg 64, 86156 Augsburg, www.tsv-kriegshaber.de; M: 792

Fußball, Gymnastik, Handball, Tennis, Tischtennis, Turnen, Turnspiele, Volleyball

Turn- und Sportverein Göggingen 1875 e. V.

V: Eugen Schweiger, Tel. 0821/15 60 91, eugen.schweiger@a-city.de; G: Von-Cobres-Str. 13, 86199 Augsburg, Tel. 0821/9 33 36 (Mi 19–21 Uhr), augsburg@tsvgoeggingen.de, www.tsv-goeggingen.de, Handball: www.tsv-goeggingen-handball.de; M: 1247

Badminton, Basketball, Faustball, Fußball, Handball, Gymnastik, Jogging, Laufen, Leichtathletik, Nordic Walking, Tanzsport, Tischtennis, Turnen, Turnspiele, (Beach-) Volleyball, Yoga, Walking

Turn- und Sportverein Haunstetten 1892 e. V. (TSV Haunstetten)

G: Albert-Lederer-Sporthalle, Landsberger Str. 3, 86179 Augsburg, Tel. 0821/81 10 99 (Mo 9–12 Uhr, Di 17–19 Uhr, Do 16–19 Uhr), kontakt@tsvhaunstetten.de, www.tsvhaunstetten.de; M: 3.693

Aikido, Badminton, Basketball, Behindertensport, Bergsteigen, Eiskunstlauf, Eisstockschießen, Fußball, Gymnastik, Handball, Hockey, Jogging, Karate, Kinder, Koronarsport, Laufen, Leichtathletik, Qigong, Schach, Schießen, Schwimmen, Senioren, Skisport, Squash, Tai-Chi-Chuan, Tennis, Tischtennis, Turnen, Turnspiele, Volleyball, Walking, Wandern

Turn- und Sportverein Inningen e. V.

V: Peter Oßwald, Tel. 0821/9 37 55, peter@osswald-inningen.de; G: Oktavianstr. 20, 86199 Augsburg, Tel. 0821/9 36 66 (Mi 19–20.30 Uhr ohne Ferien), info@tsv-inningen.de, www.tsv-inningen.de; M: 1.061

Bergsteigen, Gesundheitssport, Gymnastik, Jogging, Koronarsport, Laufen, Leichtathletik, Nordic Walking, Radsport, Schießen, Skisport, Turnen, Turnspiele, Walking, Wandern

Turn- und Sportverein Pfersee e. V. 1885

V: Ariane X. Krause, Tel. 0821/51 82 78, vorstandschaft-tsvpfersee@web.de; H: Hessenbachstr. 45, 86156 Augsburg, Tel. 0821/40 45 96, www.tsv-pfersee.de, Frauenfußball: www.tsvpfersee-damenfussball.de, www.tsvpfersee-maedchenfussball.de; M: 550

Badminton, Basketball, Behindertensport, Fußball, Gymnastik, Karate, Kegeln, Koronarsport, Schießen, Senioren, Skisport, Tennis, Tischtennis, Turnen, Turnspiele, Volleyball

Turnverein Augsburg 1847 e. V. (TVA)
V: Günter Löhnert, Tel. 0821/99 53 03; G:
Gabelsbergerstr. 64, 86199 Augsburg, Tel.
0821/57 37 15 (Di 15–20 Uhr, Do 9–12 Uhr),
info@tvaugsburg.de, www.tvaugsburg.de,
Skaterhockey: www.tva-skaterhockey.de;
M: 3.512
**Badminton, Basketball, Bauchtanz,
Bergsteigen, Boxen, Eissport, Faustball,
Fechten, Fußball, Gesundheit, Gymnastik,
Hockey, Jogging, Kanu, Kegeln, Kinder
(-spielplatz), Klettern, Koronarsport,
Kraftsport, Laufen, Leichtathletik, Prellball,
Qigong, Rehasport, Sauna, Schwimmen,
Senioren, Skaterhockey, Skisport,
Taekwondo, Tai-Chi-Chuan, Tanzsport,
Tennis, Tischtennis, Turnen, Turnspiele,
(Beach-) Volleyball, Waldlauf, Walking,
Wandern, Yoga**
Straßenbahnlinie 1 Göggingen, Haltestelle
Bugfrieden

U, V, W

VC Thing 88 Augsburg e. V.
V: Ulrich Bachmann, Tel. 0821/5 67 96 77,
Uli.Bachmann@gmx.de; M: 41
Volleyball

Veloclub Lechhausen e. V.
V: Josef Meitinger, Tel. 0821/15 22 88,
vorstand@veloclub-lechhausen.de,
www.veloclub-lechhausen.de; M: 20
Radsport

Verein Augsburger Feuerwehren e. V.
V: Gerhard Reiter; G: Berliner Allee 30, 86153
Augsburg, Tel. 0821/324-3706,
www.feuerwehr-augsburg.de,
Eishockey: www.vaf-eishockey.de;
M: 1.091
Eishockey

**Vereinigte Schützengesellschaft
Haunstetten e. V.**
V: Winfried Röttinger, Tel. 08231/9 07 43; G:
Schützenheim Siebenbrunn,
Tel. 0821/81 31 65, vorstand@
vereinigte-schuetzen-haunstetten.de,
www.vereinigte-schuetzen-haunstetten.de;
M: 138
Schießsport

**Visier 90 Augsburg
Schießleistungsgesellschaft e. V.**
V: Herbert Suchomski, Tel. 08234/37 47,
hsuchomski@t-online.de,
www.visier90.de; M: 24
Schießsport

**Vitalsportgemeinschaft Haunstetten-
Königsbrunn e. V. Behinderten- und
Rehasport**
V: Wolfgang Müller, Tel. 08231/6 09 37 83,
vorstand@vitalsport.de,
www.vitalsport.de; M: 372
**Behinderten- und Rehasport: Boule,
Faustball, Fußball, Gymnastik, Kegeln,
Kinderfreizeit, Tischtennis, Schwimmen,
Selbstverteidigung, Softballtennis**

Volkshochschule Augsburg (VHS)
Augsburger Akademie e. V., Willy-Brandt-
Platz 3 a, 86153 Augsburg, Tel. 0821/5 02 65-0
(Mo–Fr 8.30–12.30 Uhr, Mo-Mi 14–17 Uhr, Do
14–19 Uhr), verwaltung@vhs-augsburg.de,
www.vhs-augsburg.de
**Gesundheitsvorsorge, Entspannung,
fernöstliche Methoden, Bewegung,
Fitness sowie umfangreicher Sport- und
Tanzbereich: u. a. Basketball, Inline-Skaten,
Marathonlauf, Sportbootführerschein,
Squash, Tanzen, Tauchschein, Tennis,
Tischtennis, Volleyball**
Buslinie 22, Haltestelle City-Galerie/VHS

Waffenfreunde Augsburg e. V.
V: Helmut Held, Tel. 0821/60 13 34; M: 17
Schießsport

**Wassersportvereinigung „Die
Untertaucher" e. V.**
V: Peter Neumaier, Tel. 0821/59 10 99,
dirty-hippo@gmx.de; G: Katzbachstr. 30,
86165 Augsburg, Tel. 0821/2 09 52 88, info@
untertaucher.de, www.untertaucher.de;
M: 54
Tauchen

X, Y, Z

Zirbelnuß-Segelclub Augsburg e. V. (ZSCA)
V: Heribert Müller, Tel. 0821/6 95 74,
muellers.augsburg@t-online.de; M: 34
Wassersport, Segeln

Zoo Augsburg
Brehmplatz 1, 86161 Augsburg, Tel.
0821/56 71 49-0, info@zoo-augsburg.de,
www.zoo-augsburg.de
Öffnungszeiten: tägl. 9–16.30/18.30 Uhr
(Winter/Sommer), Kassenschluss eine
Stunde früher;
Freizeitpark
Buslinie 32, Haltestelle Zoo/Bot. Garten

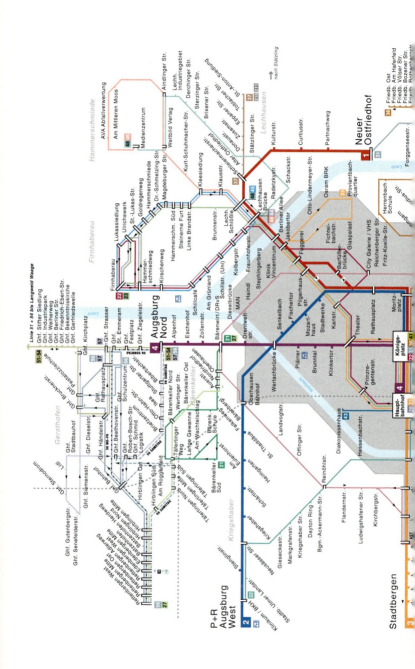

Tarifzonenplan Innenraum, Zonen 10 und 20

Mit freundlicher Genehmigung der Verkehrs-GmbH der Stadtwerke Augsburg

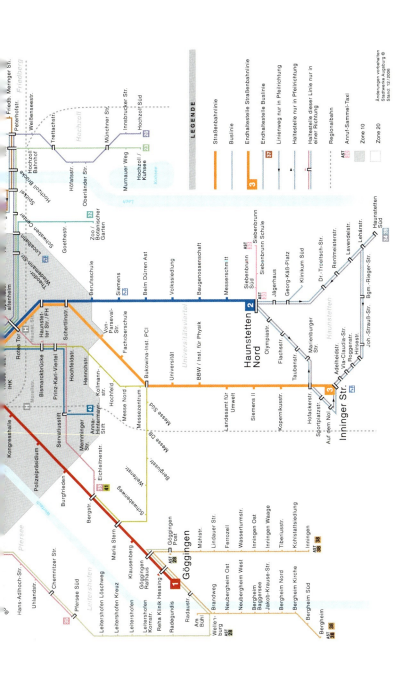

LEGENDE

Straßenbahnlinie
Buslinie
Endhaltestelle Straßenbahnlinie
Endhaltestelle Buslinie
Linienweg nur in Pfeilrichtung
Haltestelle nur in Pfeilrichtung
Haltestelle dieser Linie nur in
einer Richtung
Regionalbahn
Anruf-Sammel-Taxi
Zone 10
Zone 20

Änderungen vorbehalten
Stadtwerke Augsburg ©
Stand: 12/2006

Friedb. Meringer Str.
Peterhofstr.
Weißenseestr.
Friedberg
Trettachstr.
Hochzoll Bahnhof
Höflatzstr.
Münchner Str.
Innsbrucker Str.
Oberländer Str.
Hochzoll Süd
Hochzoll
Murnauer Weg
Hochzoll / Kuhsee
Kuhsee

Hochzoll Brücke
Spickel Center
Schwaben Center
Lochbachstr.
Wolframstr.
Theodor-Wiedemann-Str.

Goethestr.
Zoo / Botanischer Garten
Berufsschule
Siemens
Beim Dürren Ast
Volkssiedlung
Baugenossenschaft
Messerschmitt
Siebenbrunn
Siebenbrunn Süd
Siebenbrunn Schule
Jägerhaus
Georg-Käß-Platz
Klinikum Süd
Dr.-Troeltsch-Str.
Rentmeisterstr.
Lavendelstr.
Lehärstr.
Haunstetten Süd

altenheim
Rotes Tor
IHK
Moritzstr.
Kongresshalle
Polizeipräsidium
Servatiusstift
Burgfrieden
Bergstr.
Maria Stern
Klausenberg
Göggingen Rathaus
Göggingen
Göggingen Post
Reha Klinik Hessing
Radaustr.
Am Bühl
Wellenburg
Brandweg
Neubergheim Ost
Neubergheim West
Bergheim Baggersee
Jakob-Krause-Str.
Bergheim Nord
Bergheim Kirche
Bergheim Süd
Bergheim
Mühlstr.
Lindauer Str.
Ferrozell
Wasserturmstr.
Inningen Ost
Inningen Waage
Tiberiusstr.
Kohlstattsiedlung
Inningen

Haunstet-ter Str. / FH
Schertlinstr.
Bismarckbrücke
Prinz-Karl-Viertel
Hochfeldstr.
Hennchstr.
Vor-Parseval-Str.
Fachoberschule
Kollmann-str.
Hochfeld
Messe Nord
Bukowina-Inst. PCI
Universität
BBW / Inst. für Physik
Haunstetten Nord
Olympiast.
Flachstr.
Taubenstr.
Marienburger Str.
Adelheidstr.
Via-Claudia-Str.
Rogenstr.
Hirsestr.
Joh.-Strauß-Str.
Bgm.-Rieger-Str.

Anna-Hintermayr-Stift
Memminger Str.
Eichleitnerstr.
Messe Süd
Messezentrum
Messe DB
Bergiusstr.
Weißenstr.
Schwabenweg
Landesamt für Umwelt
Siemens II
Kopernikusstr.
Hofackerstr.
Sportplatzstr.
Auf dem Nol
Inninger Str.

Hans-Adlhoch-Str.
Uhlandstr.
Chemnitzer Str.
Pfersee Süd
Leitershofen Löschweg
Leitershofen Kreuz
Leitershofen
Leitershofen Kornstr.
Pfersee
Leitershofen

Personenbezeichnungen

Der Einfachheit halber werden in Buch männliche Personenbezeichnungen verwendet; sie bezeichnen jedoch sowohl männliche als auch weibliche Personen.

Bildnachweis

Die Urheber sind in den Bildern vermerkt. Die Rechte nicht ermittelter Urheber bleiben gewahrt. Bilder von Photocase.com sind nach folgendem Schema aufgebaut: Pseudonym@photocase.com.

Haftung

Dieses Buch wurde durch sorgfältige Recherchen in Zusammenarbeit mit der Stadt Augsburg, den Vereinen und Anbietern ermöglicht. Für die Vollständigkeit und Richtigkeit der Informationen kann jedoch keine Haftung übernommen werden.

Kontakt für Anregungen und Korrekturen

Runway Verlag Scholz, Sportfreizeitführer, Schertlinstr. 48b, 86159 Augsburg, feedback@runway-verlag.de

Marken- und Warenzeichen

Alle genannten und ggf. durch Dritte geschützten Marken- und Warenzeichen unterliegen uneingeschränkt den Bestimmungen des jeweils gültigen Kennzeichenrechts und den Besitzrechten der jeweiligen eingetragenen Eigentümer.

Übersichtskarte Regenerationssport →

In einer starken Gemeinschaft gut aufgehoben.

„Wer wirbt gewinnt"
Für jedes neue Mitglied erhalten
Sie von uns 15 €

Die Gesundheit unserer Versicherten steht im Mittelpunkt. Unsere Mitarbeiter stellen durch ihr Engagement Tag für Tag sicher, dass Sie gut versorgt werden. Denn eine gute und leistungsfähige Krankenkasse ist da, wo man sie braucht: in der Nähe der Betriebe und Verwaltungen der Stadt Augsburg und der Trägerunternehmen.

Mehr erfahren Sie unter **www.bkk-stadt-augsburg.de**

BKK Stadt Augsburg
DIE KASSE FÜR KOLLEGEN